7 SECRETOS QUE TODO LÍDER DE UNIVERSITARIOS DEBE SABER

NATALIA NIETO

7 SECRETOS

QUE TODO LÍDER DE UNIVERSITARIOS DEBE SABER

NATALIA NIETO

e625.com

7 SECRETOS QUE TODO LÍDER DE UNIVERSITARIOS DEBE SABER

e625 - 2023

Dallas, Texas

Todas las citas bíblicas son de la Nueva Biblia Viva (NBV) a menos que se indique lo contrario.

Editado por: **Virginia Bonino de Altare**

Diseñado por: **JuanShimabukuroDesign**

ISBN: 978-1-954149-34-2

IMPRESO EN ESTADOS UNIDOS

CONTENIDO

PRÓLOGO

La etapa de los estudios universitarios parece ser la temporada donde más jóvenes se van de nuestras congregaciones. *¿Por qué sucede esto y en iglesias de todo tipo? ¿Estaremos haciendo algo mal o simplemente es necesario que se vayan para volver cuando son adultos?* Yo me niego a creer que alejarse del Señor y de su Iglesia sea la mejor opción. Quiero creer que podemos mejorar nuestro acercamiento pastoral a los jóvenes en esta etapa y que podemos desarrollar mejores estrategias de alcance y contención para ayudarles no solo a sobrevivir en esta encrucijada de la vida, sino a florecer en ella.

La etapa universitaria es crucial en occidente; es lo que los jóvenes se imaginaron desde su preadolescencia, solo que ahora ya no se trata de imaginarlo sino de vivirlo. Cuando llegan los 18 años comienza la independencia y también las obligaciones adultas y eso produce una gran adrenalina, mucha ansiedad y temores y surgen muchas, muchas tentaciones.

También es el momento de tomar las grandes decisiones personales. Vocación, sexualidad, pareja, economía y fe comienzan a ser términos que compiten entre sí y la iglesia no puede tratar a quienes están en esta etapa como si fueran adolescentes, o desconocer el vértigo que produce tener que tomar tantas y tan importantes decisiones. Necesitamos ayudarlos y podemos hacerlo, y por eso me entusiasma tanto lo que Natalia escribe en este libro.

En e625 creemos que un ministerio eficaz para los universitarios es posible, y estamos muy emocionados con lo que estás por leer de parte de una pionera y especialista en el trabajo con universitarios como es su autora. Ella ha comandado un equipo de líderes en la bella Bogotá, trabajando en una de las iglesias de mayor crecimiento en el mundo de habla hispana en las últimas décadas, y lo más representativo es, quizás, que es una iglesia llena de universitarios...

Gracias por tenerlo en tus manos. ¡Que lo disfrutes!

Dr. Lucas Leys
Fundador de e625.com

EL PUNTO DE PARTIDA

Crecí escuchando que uno debe escribir un libro antes de morirse, y aunque en la universidad hice un par de publicaciones sencillas, la idea de encontrarme escribiendo uno me pareció siempre muy lejana. Debo confesar que sí lo imaginé pero pensé que si se llegara a dar la oportunidad sería cuando ya fuera una mujer «grande», es decir con más canas de las que tengo hoy y con varias más arrugas en mi rostro... aunque no vayas a creer que son muchas...

Desde que era muy joven trabajo en el discipulado de jóvenes universitarios y siempre pensé que algún día sería bueno escribir un libro en el cual plasmar todo lo que estaba aprendiendo al trabajar con ellos, pero eso sería «algún día...». Sin embargo, Dios me sorpendió.

LA IGLESIA NO PUEDE TRATAR A LOS UNIVERSITARIOS COMO SI FUERAN ADOLESCENTES.

Te cuento esto porque la importancia de los jóvenes universitarios y de que yo esté escribiendo este libro son para mí dos piezas del mismo juego. Nuestro Dios siempre pone circunstancias para hacer que las cosas que Él espera de nosotros se hagan en su tiempo perfecto y conecta nuestras pasiones con pasiones de su corazón; digo esto porque creo que estoy apasionada por el trabajo con universitarios, porque a Dios le apasiona que quienes están en esta etapa tan especial de la vida le encuentren a Él con pasión. Y así, hace un año llegó la propuesta de hacer este libro y ¡mira!, ¡ya lo estás leyendo!

Sé que mis errores y aciertos de estos años en la red de universitarios de mi congregación, «El Lugar de Su Presencia,» en Bogotá, pueden prepararte, inspirarte, motivarte, guiarte e incluso consolarte. Yo he aprendido que todos necesitamos «compañeros de viaje» que compartan experiencias con nosotros para ser eficaces en un ministerio, y el servicio a los universitarios no es la excepción. Necesitamos toda la ayuda que podamos conseguir en este maravilloso y desafiante camino que es pastorear jóvenes y esa es mi misión al escribir estas páginas.

Creo en la importancia de compartir las experiencias vividas y en el aprendizaje colectivo. Cuando creemos que solo nosotros tenemos la fórmula del éxito, dejamos de aprender de otros, y así perdemos la oportunidad de seguir enriqueciendo nuestra perspectiva. Con esa actitud dejamos de aprender y sin darnos cuenta hemos dado un paso firme hacia un precipicio. ¿Por qué? Porque nadie que deje de crecer en el ministerio está en un lugar seguro. Aunque se sienta seguro, está en un lugar de estancamiento y ese lugar es siempre frágil. Por esta razón, no todo lo que leerás en las próximas páginas se debe a mi propia experiencia directa. Aprendí mucho de líderes que tuve el privilegio de formar y de tener en mi equipo. Entre todos hemos evaluado, pensado, ideado y concluido algunas cosas acerca de cómo podemos ser más estratégicos con esta edad de los jóvenes. Buscar a Dios, retroalimentarnos, hacer preguntas, buscar literatura, revisar incluso temas de psicología del desarrollo, nos ha ayudado a conocer más el perfil de los jóvenes en este periodo de la vida, y compartirlo me parece valioso. Considero que entre más cabezas y corazones estemos metidos en este sueño de ver universitarios transformando el mundo, más cerca estaremos de extender el reino de Dios y ver cumplido el texto de Romanos sobre que somos un solo cuerpo:

«... Nosotros somos las diversas partes de un solo cuerpo y nos pertenecemos unos a otros». Romanos 12:5 (NTV).

¿POR QUÉ UN LIBRO ASÍ?

Seguramente ya te diste cuenta de la necesidad urgente de contar con materiales acerca de las cargas ministeriales que Dios ha puesto en nuestras manos. Los jóvenes universitarios tienen algo de adolescentes, pero ya no lo son, y tienen algo de adultos, pero todavía son jóvenes, y necesitan un acercamiento pastoral pertinente a su edad, a sus preguntas y a la etapa que están atravesando.

A mí me rompe el corazón cuando escucho que en muchas de nuestras iglesias perdemos a los jóvenes universitarios. Necesitamos activar estrategias inteligentes y afines al diseño de Dios. Debemos responder sus preguntas y entender sus necesidades, y de eso se tratan los siete secretos que compartiremos en este libro.

EL MINISTERIO CON UNIVERSITARIOS ES MÁS URGENTE DE LO QUE SOSPECHAMOS

Primera escena:

Alguien pregunta: –¿Qué sabes de Adriana? ¡Ah! ¿Y de Felipe?

Alguien contesta: –Ni idea, la verdad es que desde que entraron a la universidad algo les pasó... no han vuelto, sé que ella dejó de servir y que anda con un tipo de la U; y de él me dicen que anda de fiesta en fiesta en el mundo...

Segunda escena:

Alguien pregunta: –Natalia, ¿qué vas a estudiar?

Natalia: –Creo que psicología.

Alguien le responde: –¡No!... ¡Por favor humanidades no, ¡y menos esa! Dos niñas de la alabanza estudiaron eso y se enfriaron; seguro te apartas del Señor en esa carrera...

Natalia queda pensativa.

Tercera escena:

–Dani, ¿cuento contigo para la reunión de jóvenes?

Dani responde: –No, ya no quiero, no tengo tiempo por la U y la verdad es que ya no me siento tan seguro de estar aquí y de todo esto. Creo que estuvo bien de niño y de teen, pero ahora no sé... necesito un tiempo... hay cosas que estoy pensando desde que estoy en la U y quiero esperar... yo te aviso.

Cuarta escena:

Alguien me pregunta en un evento de liderazgo juvenil: –Natalia, ¿en verdad se ven resultados con los universitarios? ¿No son orgullosos y difíciles? ¿Por qué mejor no esperamos a que lleguen a desempeñar sus roles de profesionales en lugar de perder tiempo con ellos? ¿No sería mejor que salgan, se lastimen, aprendan solos y luego vuelvan?

Si trabajas con universitarios conoces estas escenas. Todas reflejan diálogos usuales en cuanto al ministerio con universitarios y todas son difíciles, pero te confieso que quizás la que más me alarma es la cuarta. ¿Es posible que los líderes cristianos alberguemos tanto cinismo? La frialdad y los argumentos de quienes me dijeron esas palabras me impactaron y me llenaron de más «fuego» por hacer algo para despertar a la iglesia sobre la importancia de trabajar por los universitarios.

Estos cuatro simples ejemplos son casos de la vida real y me permiten ilustrarte un poco sobre algunas razones por las que considero que el ministerio de universitarios es vital en la iglesia actual. Estas razones deben arder en nuestro interior si queremos liderar universitarios.

La primera razón es que no vemos a los universitarios de manera intencional, y esto hace que desconozcamos sus necesidades al asumir que no deben tener un espacio propio porque ya son mayores de edad. Verlos como adultos hace que olvidemos que ellos aún están en desarrollo, que necesitan dirección y que se encuentran en un momento vital de sus vidas para lograr terminar de definir su identidad y su propósito. Si son invisibles a nuestros ojos y los dejamos solos en ese proceso de iniciar y culminar su formación profesional, más aún cuando están rodeados de presiones fuertes por su entorno académico, social, familiar y emocional, aseguramos que su final no solo no sea feliz, sino lo más grave, que sea diferente al final que Dios puede estar soñando para ellos.

Creo que es vital tener un trabajo ministerial con esta edad porque no hacerlo abre la puerta a que tomen una cantidad increíble de malas decisiones que pueden arruinar el futuro de sus vidas y sus familias por varias décadas.

Muchos de nosotros hemos visto cómo de un momento a otro los niños que crecieron en la iglesia y que fueron adolescentes apasionados por Dios y por servir, de repente dejan de asistir, empiezan a dudar de su fe y prefieren buscar respuestas afuera, dejando a un lado no solo a la iglesia y a sus familias, en algunos casos, sino lo más grave: a Dios. El ver esta realidad ya amerita con urgencia que hagamos algo por arraigarlos en Dios para que no se pierdan en las confusiones de la sociedad secular.

Ligado a lo anterior, en segundo lugar veo con dolor que para algunos líderes perder a los universitarios de su iglesia o verlos enfriarse en su fe es algo que se les volvió tan normal que hasta esperan que ocurra y dicen: *«¡Obvio! Eso pasa, es una etapa más», «Se debe a la carrera o a la universidad donde entró».*

Me preocupa cuando veo que asumen una postura pasiva y deciden esperar a ver quiénes se «estrellan y vuelven como hijos pródigos» sin hacer nada para prevenirlo, pues esa resignación habla de la necesidad de romper fortalezas mentales sobre los universitarios y de llevar a los líderes a ver lo que Dios ve, despertando así un liderazgo activo y asertivo, que en lugar de esperar sirva de medicina preventiva.

Y, por último, otra razón por la que creo que este ministerio es tan importante es porque conozco líderes de jóvenes increíbles que están intimidados y acobardados de solo pensar con trabajar con esa edad. Esto me hace discernir que el plan del diablo es traer sobre el líder inseguridades y miedos para que vea los problemas de esta edad como gigantes a los que no pueden hacerle frente. Literalmente me han dicho algunos: «No puedo con ellos, creo que es mejor salir corriendo».

Creo que el diablo, cuando ve lo que puede hacer con la vida de un universitario, coloca obstáculos para que no lo ayudemos. Y he visto que cuando identificamos ese plan y quitamos las prevenciones y sentimientos de rechazo es increíble cómo se abre el cielo y Dios nos sopla las estrategias para ganar su corazón. El rechazo hacia esta edad evita que tengamos el corazón de amor de Dios; el discernir esto nos permitirá hacer cambios y avanzar en el trabajo ministerial universitario.

ALGUIEN MÁS TIENE UN PLAN

Si la iglesia, y en especial nosotros, que tenemos la carga, no aprovechamos la tremenda oportunidad de que disponemos para trabajar con inteligencia en esta etapa tan crucial de la vida, entonces podremos estar seguros de que el enemigo sí que tendrá un plan para con ellos. De hecho, si miras la sociedad de consumo con agudeza, notarás que lleva años trabajando en su «ministerio a los universitarios».

CREO QUE EL DIABLO, CUANDO VE LO QUE PUEDE HACER CON LA VIDA DE UN UNIVERSITARIO, COLOCA OBSTÁCULOS PARA QUE NO LO AYUDEMOS.

Para ilustrarlo, te cuento algo que movió todas mis fibras íntimas al saberlo.

Hace unos años, hubo en dos universidades públicas de Bogotá una semana de protestas más fuertes que las habituales, las cuales terminaron en un gran número de heridos, explosiones, disturbios, agresiones, bloqueos en vías públicas y un caos terrible. En los videos publicados por los noticieros se veía un gran número de estudiantes armados, lo que hizo que todo fuera más complejo y que los escuadrones antimotines de la policía tuvieran que intervenir con mayor fuerza para controlar la situación.

En medio de las investigaciones que se hicieron con los detenidos se supo que hacía años la guerrilla se había infiltrado en varias facultades de estas universidades, y que tenía grupos y líderes estudiantiles que, en paralelo a su estudio, ya eran militantes de este grupo fuera de la ley. Estos universitarios no solo seguían su filosofía anarquista sino que estaban convocando y entrenando a otros en el uso de armas, microtráfico de drogas y extorsión, entre otros delitos.

En una entrevista realizada a un exguerrillero escuché cómo este confesaba que la instrucción recibida por los comandantes era hacerse pasar por estudiantes, ganar la confianza de aquellos que fueran inteligentes y sobre todo inquietos en su personalidad (que dejaran ver liderazgo), y llevarlos poco a poco a identificarse con la ideología política de su movimiento guerrillero, pues la visión a largo plazo era consolidarse en la ciudad.

Cuando el periodista le preguntó sobre la razón por la cual reclutaban estudiantes, me impresionó la seguridad con la que respondió. Dijo que eran estos jóvenes los que aseguraban que la revolución siguiera en el futuro y que era el mejor momento de formarlos y agruparlos.

Nunca olvidaré lo palpable que fue para mí oír esa respuesta. Fue muy claro ver cómo el mundo y el enemigo tienen claro el potencial de un joven universitario, y eso hace que diseñen con tiempo estrategias para formarlos o, mejor dicho, deformarlos. La pregunta es: nosotros, ¿vemos su potencial?, ¿los conocemos?, ¿estamos siendo estratégicos para llegar a ellos y acercarlos a la verdad para que sean entes de cambio e impacto en nuestra nación, pero para bien?

Mi deseo es ganarle al diablo lo que por años ha querido hacer con esta edad. Estoy convencida de que Dios sabe lo importantes que son, los ama y tiene planes para ellos, para que transformen este mundo; Él también sabe que, si quedan plantados en su verdad, no solo su carácter marcará una diferencia en su rol profesional, sino que a futuro serán matrimonios y familias con fundamentos claros en la verdad de Su Palabra, y que extenderán a la nueva generación un linaje santo y apasionado por Él.

¿No crees que es tiempo de hacer algo por ellos y con ellos?

¡Gracias por creer en esta edad y arriesgarte a conocer este mundo un poco salvaje! ¡Ja! Un día espero encontrarte y que podamos decir: ¡Dios ha sido bueno y nos permitió ser parte de su sueño con esta generación!

¡Gracias por leer estas páginas!

1
EL SECRETO DE LA DIVERSIDAD

Hace algún tiempo atrás, cuando en nuestra iglesia local teníamos unos siete grupos de universitarios los viernes en la noche y unos ocho los sábados en la tarde, decidimos que los líderes principales teníamos que conocer estos grupos más de cerca. Como estaban creciendo y estábamos por nombrar nuevos líderes para formar más grupos, hicimos con un par de líderes un tour para visitar y conocer en detalle a cada uno de los grupos. Fue emocionante porque aunque yo tenía mi propio grupo, quería conocer a los demás en acción y aprender de ellos. Por un par de meses me dediqué a ir, sentarme, ver y recibir. Una de las cosas que más me llamó la atención fue ver de primera mano la gran variedad de jóvenes que teníamos, a pesar de que todos eran de la misma edad y compartían el rol de estudiantes.

LOS JÓVENES UNIVERSITARIOS YA ESTÁN FINALIZANDO LA CONSTRUCCIÓN DE SU IDENTIDAD.

Mi conclusión después de tres meses de visitas fue: ¡nuestra red es un zoológico de especímenes! Y al meditar en ello me di cuenta de que esto había sido intencional y que era uno de los secretos del crecimiento que estábamos experimentando. Para ser sincera, en un principio no lo habíamos conversado demasiado, pero igual digo que fue intencional porque siempre vimos a nuestros grupos como refugios para jóvenes de todo tipo y no solamente de los que tuvieran «moda cristiana».

Los jóvenes de esta edad ya están finalizando la construcción de su identidad. Lo que estudian o hacen como pasatiempo, e incluso aquello en lo que algunos trabajan para pagar sus estudios, va definiendo su estilo no solo de ropa, música, manera de hablar, sino hasta el look de su cabello y la forma de ver a Dios. Es una etapa donde la pluralidad abunda y tenemos que entenderlo. Incluso diría que si somos líderes con llamado a esta edad hasta nos debe gustar verlos, *aunque a veces nos asusten*, ¡ja!

Yo quedé fascinada y sorprendida con la variedad, porque nosotros no habíamos determinado a qué grupo iba cada persona en el momento en el que decidía conectarse con la iglesia; pero lo increíble fue ver que Dios sí lo había hecho. En el tour vi grupos organizados por cosas afines y perfiles diferentes: nos encontramos con grupos con muchos más artistas que otros, con algunos bohemios, alternos, roqueros; otros con sus gadgets tecnológicos; otros más tranquilos y reflexivos; otros más argumentativos, etc. Verlo fue muy importante para decidir que este debía ser uno de los rasgos de un ministerio eficaz para los universitarios, así como uno puede ver la misma realidad al visitar cualquier universidad.

Un detalle interesante que noté fue una marcada diferencia en el perfil de los jóvenes de los viernes en la noche y los del sábado. La gran mayoría de los que estaban conectados los sábados eran jóvenes que trabajaban de día y estudiaban de noche para poder pagarse sus estudios; de hecho, por su situación económica, habían elegido el sábado para no tener doble gasto en transporte. Ellos asistían a un grupo y después a la reunión general. Cosas como estas nos hicieron conocer sus necesidades, e incluso nos permitieron planear mejor los ejemplos y las preguntas de los temas semanales para que pudiéramos ser más asertivos y realistas. Por ejemplo, los comentarios y preguntas de los que estudiaban y trabajaban dejaban ver conflictos y crisis muy diferentes a las de los jóvenes que solo estudiaban. Mientras los primeros se preocupaban por cómo relacionarse con un jefe, por la administración del tiempo, el manejo de finanzas, etc., el único conflicto en los segundos era su rol como hijo y su área emocional.

LA DIVERSIDAD ES UN FRUTO

La diversidad es bella, e inicio con este secreto, que puede parecer superficial para algunos o incluso obvio para otros, porque quiero asegurarme de que abras tu mente a la importancia de que trabajemos para que haya diversidad en nuestros ministerios. No te imaginas lo frágil que es, y las implicaciones que tiene, que un líder de jóvenes en este rango de edades no reconozca estas variables y no respete la diversidad.

Me ha pasado en varias ocasiones; la más cercana fue hace un año. Cuando entrevisto jóvenes que quieren liderar a universitarios, me aseguro de preguntarles las razones por las que creen que quieren trabajar con esta edad y no con los más pequeños o con profesionales. Les confieso que sobre todo soy insistente cuando veo cierta inseguridad, o cuando los veo muy serios o rígidos, porque sé que si no hay flexibilidad pueden estrellarse con la realidad. Con Andrés, mi compañero de equipo, les proponemos conocer a ciertos grupos antes de tomar la decisión final. Esto ha sido vital en su proceso de afinar su visión como líderes, pues una cosa es lo que se imaginan pero otra es lo que sienten al estar con ellos. Puedo decirles que en un 30% de los casos, al finalizar el proceso nos dicen: «Creo que no es lo que pensaba, me asustan, me gustan más grandes; mejor cuando se gradúen los espero en profesionales». ¿Sabes? Eso me ha quitado un peso de encima porque si no logran hacer el click con la simple primera impresión que les dan los universitarios, ¿cómo van a lograr dar la milla extra, romper las barreras y el hielo para conocerlos, ganarse su corazón, discipularlos y acompañarlos en su proceso de llegar a ser cristianos maduros?

Si al verlos y oírlos no conectas con ellos ni haces click, y solo quieres salir corriendo, quiero decirte que estás en el lugar equivocado y eso no está mal; solo significa que hay otra tierra que te espera. Pero si te quedas vas a sufrir, porque vas a quedarte en los estereotipos o etiquetas externas, y así será difícil que veas al niño o a la niña herida que está detrás de eso que ves externamente, y puedes no solo hacerles daño sino también frustrarte.

Como Dios le dijo a Samuel, no puedes quedarte en lo que ves sino ver lo que yo veo: no es la apariencia sino el corazón, y Dios, con esta edad, nos pide que veamos más allá de lo que percibimos a simple vista y que busquemos su corazón. Para esto debes aceptar y -lo más increíble- respetar, sea como sea, la forma como te lleguen.

Lo notable es que cuando un líder de universitarios logra ver más allá de la ropa, el pelo y la forma de hablar, es entonces cuando avanza en ganarlos para Cristo, y con el tiempo se sorprenderá de ver cómo en el proceso de discipulado Dios y su Espíritu Santo terminan limpiando y puliendo aun su imagen externa.

CUANDO UN LÍDER DE UNIVERSITARIOS LOGRA VER MÁS ALLÁ DE LA ROPA, EL PELO Y LA FORMA DE HABLAR, ES ENTONCES CUANDO AVANZA EN GANARLOS PARA CRISTO.

Dios siempre los deja con su estilo pero santificado, ¡ja! Yo siempre les digo: no todos tienen que ser iguales: pueden ser roqueros, punks, clásicos, nerds, alternos, rastas, o como quieran, pero deben ser santos, y eso es lo que hace el Señor en ellos.

Ahora te soy sincera, hay momentos en los que mi chip de mujer y mamá no me deja en paz, y a más de uno le tengo que decir: «Báñate, por favor» o «Aféitate, que esos tres pelos no te lucen» o «Píntate las pestañas para resaltar tus ojos», pero obviamente que esto ocurre no solo cuando ya tengo confianza con ellos sino cuando siento que tengo la luz verde de parte de Dios.

Lo que me ha llamado la atención es que por lo general esto me pasa con jóvenes que no tienen mamá, y cuando se los digo me lo agradecen y a la semana siguiente me muestran un cambio extremo. Por supuesto, no solo los felicito sino que se ganan un abrazo maternal.

Jesús nos da ejemplos de respetar y aceptar la diversidad. Él tuvo en su equipo hombres, mujeres, pescadores, publicanos, gente de tendencia política izquierdista y de derecha, personas con títulos académicos y sin ellos, pero a todos los vio con ojos de fe. El Señor fue más allá de lo que la gente pensaba de ellos, respetó sus diferencias y así trabajó en su conversión.

La pregunta es: ¿te gusta esta variedad? ¿La respetas y logras pasar por encima de lo que esa «apariencia o look» pueda representar? Si tu respuesta es sí, vas por buen camino; si tu respuesta es no, ¡qué maravilla!, seguro que lo que te llama la atención puede ser el trabajo con los más pequeños o con los profesionales. Tómate un tiempo en oración, y pídele al Señor que te muestre dentro de tu pasión juvenil qué edad mueve todo tu corazón.

Estar donde más encajas te hará brillar y serás más efectivo en el ministerio.

Allá por el año 2008 estaba liderando un grupo de universitarios todos los sábados al final de la tarde. Llevaba dos años trabajando con esta edad y ya tenía claro esto de la diversidad. Sin embargo, un día llegaron dos jóvenes tatuados, con cara de ogro, vestidos con un look muy peculiar: algo punk y con una mirada fuerte y actitud defensiva.

Recuerdo que se sentaron en el piso en una esquina, miraban a todos de arriba abajo y secreteaban en medio de la enseñanza. Cuando al final del tema los saludé y les pedí que se presentaran para darles la bienvenida, uno de ellos solo dijo los nombres, que estudiaban diseño y que solo estaban conociendo. A los pocos minutos, con sus botas guerreras y sus chaquetas oscuras y su caminar de «somos los chicos malos», salieron del salón sin decir más.

Fue algo intimidante para todo el grupo y extraño para mí. Esa semana no los podía sacar de mi cabeza y oré por ellos. De manera sincera le dije al Señor: «Si estos 'chinos' no quieren cambiar que no vuelvan, no quiero que afecten a los demás y dañen el ambiente; pero si tú tienes un plan con ellos y crees que podemos ayudarlos, que regresen. Ayúdame a verlos como tú los ves y hacer 'clic' con ellos». Y así fue: el sábado siguiente, contra todo pronóstico, llegaron. Yo pensaba: «¿Esto es en serio Señor? ¿Estas «bellezas» tienen futuro?». Y así, cada semana fueron asistiendo. Al mes me permitieron más cercanía y pude empezar a hablar con ellos. Lo primero que me contaron fue que eran grafiteros y que hacían, con permisos de la Alcaldía, muchos grafittis por el centro de la ciudad y que esa era su pasión. No se imaginan lo que fue para mí oír eso, vi un tesoro en mis manos, vi un don increíble que para la iglesia sería un deleite poner en acción. Y aunque cuando ellos me lo dijeron seguro pensaron que eso me espantaría, pues los podía considerar delincuentes nocturnos, se quedaron sin palabras cuando les dije que quería ver sus trabajos y que, si se esforzaban, podrían hacer algo en el área creativa de la iglesia, pues nuestra pastora buscaba artistas para diferentes proyectos. Ellos se miraron con cara de «¿estás segura de querer trabajar con grafiteros?», «¿estás segura de querer hacer algo con nosotros?».

Eso rompió el hielo y después de tener muchas charlas donde ya supe su historia, conocí lo que había detrás de su actitud defensiva e intimidante.

Ambos venían de hogares cristianos desde niños, pasaron por algunos problemas en casa y la presión de los pares los llevó a alejarse de Dios en la adolescencia. Después de decepciones amorosas, problemas serios por estar en peleas callejeras y algo de consumo de drogas, decidieron volver a intentar reconciliarse con Dios, y bueno, luego de muchos procesos con el Señor, hoy en día ambos son líderes de la red de universitarios; uno de ellos se casó el año pasado y el otro está por casarse.

Estos jóvenes son parte del área de artistas de la iglesia. No solo han realizado grafittis para proyectos audiovisuales sino que han participado en exposiciones de arte donde su talento se ha estado mostrando en universidades y teatros de la ciudad, llevando el mensaje de Dios a través de sus dones.

2
EL SECRETO DE LA GRACIA

Si el secreto de la diversidad tiene un fundamento bíblico, es el de la gracia.

El universitario se acerca, se aleja, duda, cae, piensa, vuelve, se va de nuevo, ama, odia, cree, regresa, y de repente, cuando menos lo esperamos, logra dar el salto final hacia Dios y todos decimos: «¡Ahhh! ¡Por fin!».

Si como líderes no sabemos perdonar la imperfección y la confusión propias de quienes se encuentran en esta etapa, podemos estar seguros de que no edificaremos ese refugio seguro que la iglesia debe ser para los universitarios. No perdonar decepciones, traiciones y desplantes es levantar barreras de frustración y de rechazo que pueden impedir que nos ganemos su corazón y que con

COMO LÍDERES DE UNIVERSITARIOS NECESITAMOS RECONOCER ANTE DIOS SI HEMOS PERDONADO DE VERDAD LO QUE NOS HA MOLESTADO, ENOJADO, DOLIDO Y FRUSTRADO DE LOS JÓVENES QUE DISCIPULAMOS.

paciencia los acompañemos en su proceso de madurar en su fe. Si tu corazón de líder contiene amargura y desconfianza, entonces no los podrás ayudar, y ejercerás tu rol con carencias que no los dejarán crecer ni a ellos ni a ti.

Como líderes de universitarios necesitamos reconocer ante Dios si hemos perdonado de verdad lo que nos ha molestado, enojado, dolido y frustrado de los jóvenes que discipulamos. Piensa por un momento en ese joven en el que has invertido tiempo, corazón, lágrimas y que en el último año ha tomado pésimas decisiones y, de paso, ha dicho cosas que no son ciertas acerca de su proceso en la iglesia o incluso de tu liderazgo. ¿Qué pasaría si mañana regresara y te pidiera ayuda? ¿Estarías listo para darle una nueva oportunidad?

Miremos la lección que nos da Jesús frente al perdón, que como líderes debemos tener hacia quienes cuidamos:

El Señor ha resucitado y en Juan 21 se les aparece de una manera especial; les tiene preparado el desayuno en la playa mientras ellos pescan (ellos no saben al principio quién es Él):

«En la madrugada, Jesús estaba en la orilla, pero los discípulos no se dieron cuenta que era él.

Jesús les preguntó:

—Muchachos, ¿tienen algo de comer?

—No —contestaron ellos.

Jesús les dijo:

—Echen la red a la derecha de la barca, y pescarán algo.

Así lo hicieron, y ya no podían sacar la red del agua por tantos pescados que tenía.

El discípulo a quien Jesús quería mucho le dijo a Pedro:

¡Es el Señor!

Cuando Simón Pedro le oyó decir: «Es el Señor», se puso la ropa, pues estaba casi desnudo, y se tiró al agua. Los otros discípulos llegaron a la playa en la barca, arrastrando la red llena de pescados, pues estaban como a cien metros de la orilla.

Al bajar a tierra, vieron una fogata con un pescado encima, y pan.

Jesús les dijo:

—Tráiganme algunos de los pescados que acaban de sacar.

Simón Pedro subió a la barca y arrastró hasta la orilla la red, que estaba llena de pescados grandes. Eran ciento cincuenta y tres pescados, y a pesar de ser tantos la red no se rompió.

Jesús les dijo:

—Vengan a desayunar.

Ninguno de los discípulos se atrevió a preguntarle quién era, porque sabían que era el Señor.

Jesús se acercó, tomó el pan y se lo dio a ellos, e hizo lo mismo con el pescado. Esta era la tercera vez que Jesús se aparecía a sus discípulos después de haber resucitado.

Después de desayunar, Jesús le preguntó a Simón Pedro:

—Simón, hijo de Juan, ¿me amas más que éstos?

Pedro le contestó:

—Sí, Señor, tú sabes que te quiero.

Jesús le dijo:

—Cuida de mis corderos».

Juan 21:4-15

Antes de decirles a sus discípulos cosas sobre lo que vendría para ellos, Jesús prepara un encuentro especial, un desayuno hecho por Él, porque sabe que tiene pendiente una charla necesaria y estratégica con sus once seguidores.

A veces pensamos que el Señor solo tenía que perdonar y hablar con Pedro por haberlo negado, y quizás con Tomás por dudar y querer tocar sus heridas, pero la verdad es que Jesús, como líder, tuvo que perdonarlos a todos.

Todos, menos Juan, huyeron en la escena de la crucifixión, y eso hacía que ellos temieran, dudaran y seguramente sintieran que la relación con su líder estaba agrietada porque le habían fallado. Para ellos, lo que vivieron juntos por tres años se había perdido, y seguro que eso los llenó de vergüenza y culpa.

Ahora Jesús lo sabe, y por eso es Él quien se acerca primero y les prepara algo especial. Lo impactante es que en el saludo les dice «¡Amigos! ¿Pescaron?».

Quiero que pienses en sus palabras: ¿amigos? No sé tú, pero yo creo que como mucho los hubiera saludado solo con un: «¡Hola! ¿Cómo están?». Pero el saludarlos de manera cercana dejaba en claro que Jesús no tenía nada en contra de ellos. Si este líder les decía amigos, les ayudaba a pescar dándoles la instrucción de por cuál lado echar la red y les hacía el desayuno, era porque los había perdonado antes. ¡Wow!

Cuando en la cruz el Señor dijo: «Padre, perdónalos, porque no saben lo que hacen», no solo se refería a los romanos, a los judíos y a nosotros, sino a ellos también, ¡a esos discípulos que le fallaron pero que necesitaban de su perdón para seguir adelante!

Jesús perdonó el abandono de ellos y el hecho de que después de darles muchas cosas no hubieran respondido de la misma manera. Seguramente recordaba las promesas de lealtad, las cenas compartidas, el lavado de los pies, los milagros que habían presenciado, los secretos revelados, los consejos, las veces que les explicó las parábolas que no entendían, sus dudas, sus miedos, y tuvo que soltar su frustración y perdonarlos; por eso es que Él puede una vez más ayudarles.

EXPECTATIVAS REALISTAS

Necesitamos ser sinceros y reconocer que como líderes es imposible no tener expectativas con respecto a las ovejas. ¡Claro que las tenemos! Esperamos que entiendan el consejo a la primera vez y que se dejen ayudar. No queremos que se bajen del barco. Soñamos que sean leales y agradecidos, que respondan de la manera que esperamos y, cuando eso no pasa, debemos reconocer que esto nos produce dolor, pero tenemos que aprender a manejarlo como personas maduras. De eso también se trata liderar.

Jesús no le sirvió un desayuno a la multitud, ni a los setenta, sino a los once, porque a ellos se les había dado más y por eso seguro que se les perdonó más, y ese perdón fue la entrada a una serie de conversaciones con cada uno de ellos.

La Biblia solo narra la charla de esa mañana entre Jesús y Pedro, y todos recordamos la famosa pregunta que Jesús le hace: *«Pedro, ¿me amas?»*.

Pero ¿sabes?, yo creo que Jesús, con su pincho con pescado asado en la mano, fue llamándolos uno a uno: Santiago, ven; Andrés, Mateo, Felipe...

El perdón facilitó el diálogo y después pudo darles paz y así blindar de nuevo la relación para lo que pasaría en Jerusalén unos días después.

El vínculo se restauró de tal forma que después de ser bautizados por el Espíritu Santo, todos ellos fueron los más grandes predicadores de la iglesia y los primeros mártires por la causa de su maestro.

Necesitamos perdonar genuinamente a nuestros jóvenes porque no sabemos si esa nueva oportunidad que les damos sea la que los lleve a convertirse en unos gigantes en el reino de Dios, tal como les pasó a estos once.

NECESITAMOS PERDONAR GENUINAMENTE A NUESTROS JÓVENES PORQUE QUIZÁS ESA NUEVA OPORTUNIDAD QUE LES DAMOS SEA LA QUE LOS LLEVE A CONVERTIRSE EN UNOS GIGANTES EN EL REINO DE DIOS.

Cuando los perdonamos, Dios nos muestra nuevas estrategias para ganar su corazón y nos recuerda que no todos oyen de la misma manera ni actúan de la misma forma; que algunos son más fáciles o más rápidos que otros, y que si entregamos nuestras expectativas encontraremos un nuevo camino en su formación.

Cierro este punto con la siguiente ilustración:

Nos gusta enseñar como iglesia que la autoridad es como una sombrilla, una sombrilla que protege y cuida de la lluvia y el sol.

Dios es nuestra sombrilla principal, pero Él nos pone sombrillas para ser formados (papás y líderes); algunos de nosotros no solo estamos bajo sombrillas sino que, a su vez, somos sombrillas para otros.

El perdón de un líder mantiene firme y estable la sombrilla para quienes están bajo nuestro cuidado. Pero cuando no lo hacemos, cuando no perdonamos genuinamente ni completamente, podemos tener la autoridad (la sombrilla) y podemos tener a cargo las ovejas, pero no las estaremos cubriendo como Dios espera que lo hagamos, ni como ellas lo están necesitando; es decir, somos una sombrilla con agujeros. ¿Sirve una sombrilla así? No.

No podemos ser una autoridad con agujeros, que no protege ni del agua ni del sol, por eso te pregunto:

¿A quién de tus discípulos necesitas perdonar?

¿Quiénes de tus universitarios necesitan una nueva oportunidad?

¿Qué clase de sombrilla quieres ser para ellos?

3
EL SECRETO DE LA COMUNICACIÓN

Si queremos evangelizar en la China, debemos conocer el evangelio y aprender a hablar en chino. Una cosa sin la otra va a convertir la tarea en una misión prácticamente imposible. Lo mismo sucede con las formas de la pastoral de los universitarios. Nunca debemos alterar el mensaje, pero sí debemos presentarlo de manera inteligente, y no se trata de una cosa o la otra. De qué sirve, por ejemplo, que un orador dé un mensaje con palabras bonitas o términos elocuentes si al final del discurso nadie logra entender qué era lo que esa persona pretendía comunicar. Y al mismo tiempo, no logra demasiado quien tiene un gran contenido en su mensaje pero no logra captar la atención de su público como para que lo escuchen y entiendan.

Personalmente creo que ambos elementos son vitales, y decidirse por uno solo es anular una variable que es necesaria no solo en la comunicación efectiva, sino en el liderazgo y el proceso de pastorear a otros, sobre todo a los jóvenes universitarios, que son un público informado y a la vez pendiente de la estética de las formas como nunca antes en la historia. Las formas son importantes, y debemos siempre encontrar la manera más cautivante y atractiva de comunicar y lograr lo que Dios nos ha encargado.

Después de liderar por más de quince años, puedo decir que con los universitarios el «cómo» hacemos las cosas es muy pero muy importante. Les confieso que hoy lidero mucho mejor que antes porque he tenido que aprender que la forma facilita o impide el avance de quienes pastoreamos.

Te explico más en detalle:

Una de las razones por las que amo y me identifico con los universitarios es porque con ellos puedo ser más directa: no tengo que darle tantas vueltas a un tema, una confrontación o un consejo, pues su propia estructura de pensamiento lo permite.

Como se encuentran a diario en un contexto de comunicación abierta con sus docentes y decanos de facultad, es maravilloso que en momentos críticos uno pueda hablarles y pueda ir derecho al grano y sin reparos.

EL RIESGO DE NO CUIDAR LAS FORMAS CON LOS JÓVENES ES QUE ELLOS YA NO SON NIÑOS QUE SE QUEDAN CALLADOS Y SE SOMETEN A LA AUTORIDAD EN SILENCIO.

Eso es muy bueno, pero puede implicar un inconveniente: como líderes podemos creer que si tenemos la razón en algo, si nos mueve una buena intención y si además Dios nos confirma el sentir que tenemos por esa oveja, entonces tenemos el derecho a decirles claramente cosas que son ciertas y válidas. El problema es que muchas veces no pensamos en la forma como lo hacemos; damos por hecho que, como con ellos se puede hablar claro, entonces no importa si les hablamos ásperamente o con dureza.

Esto es delicado. El riesgo de no cuidar las formas en esta edad es que ellos ya no son niños que se quedan callados y se someten a la autoridad en silencio. En esta etapa su sumisión a otros es por elección, no por obligación. Eso significa que ellos nos ponen a prueba para decidir si vamos a ser líderes en sus vidas o no. Entender esto es importante, es un reto para nosotros.

La pregunta que se hace un universitario frente a su posible mentor o líder es: si te sigo, ¿qué me ofreces?, ¿qué tienes para que yo decida oírte y atender a tus consejos? Por lo tanto, si tu forma de tratarlo es con dureza, frialdad y distancia, o bien no le tenemos respeto, confianza, amor y no buscamos su bienestar, a ese joven lo sacarás corriendo, y mucho más si viene con un pasado de maltrato en su hogar o de abuso de autoridad en la escuela u otras iglesias.

Una cosa es que podamos ser claros con ellos, y otra es olvidar el cuidado y la sabiduría para llegarnos a ellos de manera correcta. Necesitamos saber si es el tiempo de hablar, en qué lugar puede ser más apropiado y qué palabras o ejemplos son los más asertivos para llegar a su corazón, incluso si es para tener una confrontación.

Pedirle a Dios la píldora de sabiduría celestial que necesitamos en cada caso y en cada momento de crisis es muy importante con estos jóvenes, pues el objetivo siempre será ganarlos, tenerlos cerca, no alejarlos de Dios ni de su causa. La iglesia debe ser su lugar de refugio aun en medio de momentos de exhortación.

Es importante que sepas que un universitario por dentro es un joven con un corazón sensible, necesitado de amor, compresión, que tiene muchos miedos con respecto al futuro y también inseguridades internas. Pero esto lo debes saber tú, pues ellos en general no lo reflejan; incluso muchas veces ni saben que es precisamente eso lo que los tiene agobiados en su interior.

LAS CARETAS TIENEN RAZONES

Mucha de su dureza, pasividad y autosuficiencia externa se debe a sus preocupaciones emocionales y a las preguntas no resueltas; entonces, si se encuentran con alguien que reacciona mal, que no los ama y que no cuida las formas, todo eso puede terminar afectando su fe y, lo más delicado, su eternidad.

Entiendo que en algunos momentos puedas sentir que debes hacer inmediatamente algo por ellos, y que debes calmar el volcán de tu interior que necesita dar una respuesta urgente a algo que ves, que te afecta o te preocupa. Por eso quieres hacer algo ya, llamar, escribir, responder, citar a una reunión y decir mil cosas para solucionar algo rápidamente. Mi consejo es que te asegures primero de hacer una pausa con Dios, para que antes que nada estés en paz, sin rabia, frustración o amargura para hablar o hacer algo. En mi caso, he tenido que aprender a hacer pausas de un par de horas y días antes de decidir qué hacer. Por ejemplo, el año pasado Dios me llevó a orar más de seis meses por tres casos y a estar quieta esperando (casi me muero); solo después de ese tiempo, Él me dio la ruta para saber qué hacer en unas reuniones y citas con estos jóvenes.

Una manera en la que me gusta explicar este principio de las «formas» y de pedir la sabiduría de Dios, es mostrarlo como el empaque de papel que le ponemos a un regalo que le vamos a dar a alguien. ¡El regalo es fundamental pero primero que nada queremos que abran el paquete!

Qué maravilloso es cuando recibimos un regalo ¿no? Sin importar si es grande o pequeño, costoso o de bajo precio, cuando el empaque o la tarjeta tiene un toque especial, eso nos hace sentir especiales. Por el contrario, a veces recibimos de alguien un regalo tan mal empacado que nos sorprende pues, aunque el contenido pueda ser bueno, el verlo tan desprolijo o dañado por fuera hace que tengamos una mala impresión, y eso afecta la manera en que aceptamos ese regalo.

Un consejo, un versículo, un llamado de atención, siempre será un buen regalo para dar, pero si no cuidamos el empaque haremos que se queden mirando el mal papel que usamos, o incluso el que no usamos, y que no presten atención a lo bueno que queríamos regalarles.

Recuerda por un segundo algún castigo merecido que recibiste en tu niñez de parte de tu papá o tu mamá por haber cometido una falta grave, y analiza si la forma en la que te disciplinaron te marcó para bien o para mal.

Muchas veces recordamos más la mala forma del castigo que el objetivo del mismo, y eso no es sano. He ministrado sanidad emocional a muchos jóvenes heridos por la forma errada en que les hablaron y les llamaron la atención, no solo familiares sino de maestros en sus escuelas y, lamentablemente tengo que decirlo, de líderes de los ministerios en sus iglesias.

La Biblia dice en Eclesiastés que cuidemos nuestra forma de hablar:

«... No seas como el necio que ni siquiera reconoce que es pecado hacerle a Dios promesas temerarias, pues él está en el cielo y tú aquí abajo en la tierra; sean, pues, pocas tus palabras».

Eclesiastés 5:1-2

Creo que este no es un consejo solo para nuestra comunicación con Dios, sino que se refiere a que si aun con el Señor debemos ser sabios en cómo le hablamos, ¿por qué no vamos a serlo también con quienes nos rodean?

Ahora bien, quiero poner claridad frente a otro extremo también peligroso en la forma de comunicarse de un líder, y es cuando cae en preocuparse tanto por la forma que, siguiendo con el ejemplo anterior, envuelve tanto el regalo que uno ya no sabe cuántos papeles debe quitar para saber qué es lo que va a recibir.

Uno de los líderes de universitarios con los que trabajo tiene un corazón de pastor increíble. Él ama a todos de manera incondicional y por su temperamento tranquilo es conciliador, paciente, dado a la gente, y no le gusta para nada el conflicto. De manera jocosa a veces le digo que es como el Gandhi que busca la paz a toda costa.

Muchos hemos aprendido de él por sus cualidades y, a los acelerados como yo, nos da un equilibrio. Sin embargo, hace cuatro años él estaba atendiendo a varios jóvenes que tenían fuertes ataduras sexuales y que, a pesar de llevar tiempo en los caminos de Dios y de hacer progresos, aún no tomaban decisiones en sus límites con respecto a esta área.

En algún momento pudimos hablar y le pregunte qué temas abordaba en sus consejerías y qué podría estar faltando en su discipulado para lograr entender qué podíamos hacer en estos casos. Él me comentó todo lo que hacía y realmente estaba trabajando bastante y muy bien: les dejaba tareas, les daba tips para el noviazgo, les planteaba visión de futuro, les mostraba bíblicamente la verdad y muchas otras cosas más. Todo eso estaba correcto pero en un par de casos identifiqué que le costaba ser directo no solo con el tema del pecado como tal, sino con respecto a lo que podría venir como un embarazo, una enfermedad y con esto tener que detener los estudios, afectar a su familia y otras consecuencias.

Este líder había tocado estos temas al inicio de las citas pero para evitar que se fueran o se enojaran estaba esperando y orando por ellos. La verdad es que tenía un poco de miedo de hacerles daño, y esto lo llevaba a que su forma de decirles las cosas fuera tan cuidadosa que creo que no era lo suficientemente claro como ellos lo necesitaban.

Empezamos a trabajar con él para que confiara que su corazón de pastor dado por Dios cubriría sus palabras con firmeza. En unas semanas tuvo encuentros con cada uno de sus discípulos en los cuales fue muy diferente la forma en la que les habló y también la respuesta que recibió, tal como él mismo nos reportó. Como suele pasar, uno de ellos en su libre albedrío no puso mucha atención al consejo, pero los otros dos entendieron que Dios los amaba pero que ya era tiempo de dimensionar que no era un juego su pecado sexual y que no era una simple «lucha» como ellos la llamaban, sino que estaban fornicando conscientemente.

JESÚS SABÍA EN QUÉ MOMENTOS CLAVE PODÍA SER DIRECTO EN SUS COMENTARIOS SOBRE EL REINO DE DIOS, Y EN CUÁLES TENÍA QUE USAR PARÁBOLAS PARA HACERSE ENTENDER.

Con este ejemplo quiero resaltar que necesitamos encontrar el equilibrio en nuestra comunicación: debe haber amor y firmeza, y todo traducido en un buen papel de regalo.

Jesús fue claro y amoroso en su comunicación. Confrontaba el pecado pero con su perdón daba nuevas oportunidades. Amaba al pecador pero le decía que no pecara más. Él sabía en qué momentos clave podía ser directo en sus comentarios sobre el reino de Dios, y en cuáles tenía que usar parábolas para hacerse entender. Él fue un experto en «empacar» el mensaje de las buenas nuevas.

Cierro este capítulo animándote al ver el ejemplo de Pablo. Un líder lleno de pasión pero con un temperamento súper fuerte bajo el cual muchas veces tomaba decisiones sin pensar en la manera de hacer las cosas.

Después de su encuentro con Dios y de pasar por muchas situaciones, vemos cómo en las cartas a sus pupilos, Timoteo y Tito, les aconseja que en su llamado dentro de la iglesia deben ser sabios en la forma de comportarse y actuar. Todo nos indica que, para Pablo, la forma cobró importancia.

*«... Debe tener control propio, vivir sabiamente y tener una buena reputación...».*1 Timoteo 3:2 (NTV).

Piensa por un momento en ese joven con el que sientes que no has logrado llegar al punto de cambio, ese caso en el que sabes lo que necesita cambiar, aprender, decidir, dejar de hacer, y no sabes cómo decírselo o qué hacer.

¿Crees que la forma como lo has abordado antes puede ser lo que ha bloqueado la comunicación?

Si estuvieras en sus zapatos, ¿cuál crees que puede ser la forma más atractiva para cautivar su corazón?

¿Le has preguntado a Dios si es el momento de hablarle? ¿Si puede funcionar no citarlo en la iglesia sino en un café? ¿Si es mejor mandarle un email o intentar antes un par de llamadas?

He aprendido que hacer una pausa y preguntarle al Señor qué es lo que Él haría es lo que abre el corazón y la fe para recibir una nueva estrategia.

Ahora, si reconoces que tu forma ha lastimado a quienes tienes bajo tu cuidado, en oración pídele perdón al Señor y busca un nuevo encuentro con ellos para disculparte. ¡Tranquilo! Todos estamos aprendiendo y lo más importante es reconocer, buscar restituir y aprender.

Por otro lado, si al leer este capítulo reconoces que la forma de otros hacia ti te ha lastimado, es bueno que ores y le pidas al Señor que te ayude a perdonar y a sanar tu corazón. Cuando no sanamos esas cosas que nos marcaron negativamente podemos caer en liderar haciendo lo mismo que aprendimos erradamente de otros.

4
EL SECRETO DE LA VERSATILIDAD

Uno de los peores enemigos del liderazgo es la rigidez. Creer que hay una sola manera de hacer las cosas suele ser la piedra de tropiezo de muchos emprendimientos, tanto para nosotros como para nuestros liderados.

En el ministerio con universitarios hay un número importante de jóvenes que no entran en ningún esquema de trabajo del que nosotros estamos acostumbrados, y creo que Dios envía adrede a las personas a las que les enseñamos para que nos enseñen a nosotros también. El liderazgo demanda dejar continuamente nuestras zonas de confort y, sobre todo desde el punto espiritual, eso ayuda a que dependamos del Señor para hacer cosas nuevas en el discipulado individual y así ganar a los que nadie más está ganando para Su Reino.

Un líder de universitarios debe tener presente que tiene como mínimo tres tipos de jóvenes en su grupo:

- *Cristianos de toda la vida:* en esta categoría hay dos grupos: aquellos que por su entorno familiar lograron crecer con una fe sólida, coherente, no religiosa y que son jóvenes plantados de corazón en la iglesia. Son fieles, deseosos de aprender, moldeables y con una fe en Dios apasionada y genuina (tengo que decir que el porcentaje de esta categoría no llega a ser ni siquiera el 20%). El otro grupo es el de aquellos que nos llegan con «mañas religiosas»: se saben toda la Biblia, las prédicas y las frases clave pero su relación con Dios está fría y van al culto o al grupo de jóvenes como si fuera otra salida más. Es decir que todo esto para ellos es su religión, su modo de vivir, pero su fe está quebrada por cosas que vivieron, entre las que destacan la incoherencia entre lo que se predicaba y lo que

> **UNO DE LOS PEORES ENEMIGOS DEL LIDERAZGO ES LA RIGIDEZ.**

se hacía en su casa, y las oraciones no respondidas y situaciones personales no sanadas, que los llevaron no a irse de la iglesia pero tampoco a formar parte de ella. Muchos han visto el pecado de sus padres cristianos en casa y como no tuvieron un encuentro real con Dios por ellos mismos, viven esa fe familiar que es imperfecta y que los lleva a ir a la iglesia pero estando lejos de Dios. Por ende, no quieren ser discipulados, se muestran estables, aparentemente todo está bien, todo lo saben, no necesitan ayuda y juzgan todas las cosas. Tristemente, la realidad es que suelen ser de los que más tenemos en nuestros grupos. Son los más retadores y desafiantes, y si esperas que lo que te funciona con los nuevos que no saben nada se aplique a ellos, lo que encontrarás será burla y menosprecio. Recuerda: ellos, «como lo saben todo», te harán saber que no quieren de lo mismo que han recibido siempre. Algunos dentro de este grupo llegan heridos por situaciones que vivieron en otras iglesias y con líderes anteriores, lo cual afectó su confianza en Dios y en el ser discipulados de nuevo. Son jóvenes con muchos argumentos en su mente y con mucha cautela en su manera de relacionarse con otros cristianos y con uno como líder.

- *Hijos pródigos*: estos jóvenes llegan con muchos problemas, dudas, miedos, y sobre todo con un anhelo profundo de recibir gracia, misericordia y fe para su futuro. Por las malas decisiones tomadas creen que su vida acabó, que no hay esperanza y que le fallaron a Dios para siempre. Son aquellos que regresan a la iglesia pidiendo ayuda porque al alejarse se estrellaron, salieron heridos y entendieron a los golpes que no hay vida feliz fuera de Dios y que el mejor refugio es su iglesia. En ese sentido, son fáciles de pastorear porque llegan dispuestos, obviamente también con desconfianza y avergonzados, pero listos para iniciar de cero. Sobre todo hay una convicción de cambio que para nosotros como líderes es muy importante pues deja ver su disposición para su proceso de restauración. Personalmente, con este tipo de jóvenes he visto que al final de su proceso desarrollan una fe tremenda: muchos deciden ser líderes de otros y hacer algo por aquellos que están contemplando la idea de ir al mundo y dejar a Dios. Tienen una pasión madura y un deseo de hacer algo por los demás para que no repitan lo que ellos vivieron.

- *Los cero kilómetro*: creo que para muchos líderes este grupo es el ideal. Usualmente decimos: «Prefiero un joven nuevo que quiere conocer y creer y no al que toca reconvertir». Y sí, estos son un desafío, pues aunque llegan con miles de preguntas tienen tanta sed y anhelan tanto conocer este terreno desconocido de la fe en Dios, que es una maravilla ser parte de su proceso de arrepentimiento y decisión por Jesús.

Te describo este tipo de universitarios porque cada perfil demanda que tú rompas tus esquemas, tu experiencia, y seas sensible a lo que en cada caso puede funcionar para ganarte una relación con ellos. Una vez que hayas conquistado ese terreno de confianza sabrás qué estrategia puede ser la mejor para llevarlos a Dios, a tener disciplinas cristianas, a poner límites sanos para no pecar, a crecer en su visión, etc.

LA COCINA DE LA IGLESIA

Una manera de ver esto de manera práctica es que pienses en el trabajo de un buen chef. Las recetas tradicionales de la cocina clásica se enseñan en los mejores centros culinarios, y son la base de la formación de aquellos que sueñan con ser chefs reconocidos. Sin embargo, los chefs exitosos que conocemos porque han abierto su propia cadena de restaurantes y salen en televisión en los canales de cocina, son famosos porque se salieron de lo tradicional: ellos usaron los principios clásicos culinarios pero decidieron crear, jugar y hacer mezclas y fusiones que los hicieron destacar frente a muchos que se quedaron haciendo lo mismo de siempre.

En esta edad, y con lo decadente que está nuestro mundo, vamos a tener casos cada vez más difíciles de atender en los que no podremos esperar que al decirles un versículo y orar por ellos ya vayan a ser convencidos de tener una fe real y un cambio de vida.

> VAMOS A TENER CASOS CADA VEZ MÁS DIFÍCILES DE ATENDER EN LOS QUE NO PODREMOS ESPERAR QUE AL DECIRLES UN VERSÍCULO Y ORAR POR ELLOS YA VAYAN A SER CONVENCIDOS DE TENER UNA FE REAL Y UN CAMBIO DE VIDA.

La sensibilidad en oración e incluso en ayuno por ellos nos hará preguntarnos, pensar y buscar la guía de Dios para ser versátiles en nuestro acercamiento y discernir qué es lo mejor para hacer o no hacer con cada uno de ellos.

Creo que la mejor manera de ilustrarlo es compartir contigo algunos casos que he tenido y que me han llevado a poner en práctica este secreto.

Voy a cambiar los nombres y ciertos detalles de las historias para proteger a sus protagonistas.

Diana, 21 años, estudiante de producción audiovisual. Universitaria cero kilómetro.

Estaba en mi grupo dando la enseñanza y media hora después de que habíamos empezado, ingresó al salón una niña muy pálida, sin maquillaje, con un suéter con capucha. Se sentó y recostó sobre su pupitre, no alzó su mirada en toda la sesión, pero lo que sí hizo fue mover sus manos y pies de manera rápida y ruidosa. Antes de que se acabara el grupo salió muy apurada.

A la semana siguiente pasó lo mismo. Sin embargo, me adelanté a su huida y le pregunté su nombre, me lo dijo y salió. Antes de que bajara las escaleras le dije que si algún día quería hablar podía buscarme, que yo me llamaba Natalia.

El sábado siguiente la vi llegar al finalizar el grupo con una acompañante. Ambas esperaron a que todos se fueran y se acercaron a saludar. Quien la acompañaba era su tía, el único familiar cristiano de Diana que era miembro de la iglesia y a quien ella había buscado pidiendo ayuda después de salir hacía tres semanas de una clínica psiquiátrica por depresión.

Diana llevaba más de cinco años sufriendo de anorexia, consumo de drogas y dos intentos de suicidio, y cuando llegó a su primera hospitalización en un contexto psiquiátrico, se asustó tanto que se acordó de que su tía le hablada de un Dios y pensó que eso la podía ayudar.

Dios era alguien totalmente desconocido para ella, pues su papá y su mamá eran ateos y por ende ella nunca recibió enseñanza acerca de Dios o de otra fuente espiritual.

Con esa breve presentación entendí muchas cosas de su actitud. Me despertó tanta compasión que en verdad sentía que era el tiempo de que ella conociera a Dios como su fuente de vida. Pero a la vez sentí miedo, pues nunca había tenido una niña con tantas problemáticas a la vez y con antecedentes tan críticos. Después de oír a su tía, la miré a ella a los ojos y le pregunté si quería tomar un café conmigo la semana siguiente y hablar.

Tomó aire y dudando me dijo que sí. Compartimos nuestros teléfonos y el jueves siguiente tuve la primera cita con ella. Paso a paso me di a conocer y ella me fue hablando de su vida, de sus preguntas y de su deseo escéptico de saber si Dios existía y si podía ayudarla. Ese día le regalé su primera Biblia y oró por primera vez. En todos los años que llevo de cristiana ha sido la oración de fe más sincera que he oído, pues Diana le decía a Dios: «¡Hola!, no sé si existes, no sé si me ves y me oyes, no sé si Jesús es tu hijo y si puedes ayudarme, pero me dispongo a conocerte porque necesito vivir y quiero creer».

Diana continuó en el grupo, asistía a la iglesia y las citas se prolongaron por más de dos años.

Fue uno de los primeros casos que me llevó a clamar al cielo como nunca y a ayunar, para poder pensar qué hacer con una oveja de este estilo. Pude haberla mandado a los tres meses a un encuentro, pues era lo que como protocolo hacíamos, pero Dios me mostró claramente que con ella no sería así, sino que debía ser paso a paso, que tenía que ayudarle a creer en Él y en su Palabra (lo cual ya era un desafío), después en la Trinidad y obvio contarle del enemigo también. Solo cuando creyó en el mundo espiritual, ella misma se sintió lista para profundizar en los procesos de sanidad emocional. La meta era que hubiera convicción en su corazón y que no lo hiciera solo por buscar un milagro sin tener una fe real.

Con el equipo de líderes surgieron muchas ideas para ayudarla integralmente. Te comparto algunas de las cosas que hicimos:

Le asignamos en el grupo un par de jóvenes para que semanalmente estuvieran pendientes de ella, la saludaran, se sentaran a su lado, la llamaran, y fueran muy serviciales, independientemente de que ella tuviera una buena o mala actitud.

Recuerdo que hubo un par de veces que llegó al grupo con blusas muy transparentes y cortas, algo que afectaba a más de un hombre. Además, como tenía tatuajes de calaveras, muchos la miraban como la niña rara. Entonces decidí siempre tener una chaqueta extra para ella y se la ofrecía diciéndole que era para el frío. Ella entendía el mensaje y sonreía. Meses después, por sí misma, fue cambiando ciertas prendas de vestir, y el grupo aprendió también a convivir con sus tatuajes.

Le pedí que siguiera con el psiquiatra, cosa que la sorprendió, pues su tía esperaba que como iglesia le hiciéramos una liberación y dejara esos tratamientos. Por el contrario, quisimos velar por su salud y le pedimos a Diana que le contara a su doctor que, en paralelo a sus citas, ella tendría un cuidado personal espiritual con nosotros. Al psiquiatra le gustó la idea y después de ocho meses, al ver sus avances, él mismo fue quitándole la medicación poco a poco. Diana llegó tomando más de diez pastillas diarias y hoy en día solo necesita una.

Uno de los lugares de más presión para ella eran los gimnasios pero como no quería dejar de hacer ejercicio le propusimos que, como en ese momento teníamos en la iglesia un muro de escalar, viniera y entrenara aquí. El coordinador del muro era mi compañero de liderazgo, quien le daba el soporte técnico y de paso reforzaba su fe. Ese espacio informal la ayudó a relacionarse con otros y a tener un estilo de vida saludable al dejar el consumo de drogas y las fiestas electrónicas.

Aprendió a leer la Biblia buscando pasajes cortos que la ayudaran en su necesidad. Retomó sus citas con la nutricionista y vivió con el grupo cosas por primera vez, como la celebración de su cumpleaños número 22, pues en su familia no se consideraba importante ni esta fecha, ni la Navidad ni el Año Nuevo. ¿Imaginas lo que fue verla por primera vez soplar una vela en su torta de cumpleaños? ¡Nunca olvidaré esa sonrisa!

Aprendió a dar abrazos y a dejarse abrazar, a comer helado sin contar calorías y después de unos tres años y medio se fue a vivir fuera del país, restaurada. Es miembro de una iglesia donde conocen su caso y le dan soporte cuando lo necesita. Hoy ella sabe que su vida en Dios le da un futuro lleno de esperanza.

Con Diana Dios me llevó a pensar en nuevos ingredientes para ganar su corazón, su fe y su vida. Ella es una de las universitarias que por la gracia del Señor le arrebatamos al infierno y recordarla siempre me llenará de gratitud a Dios.

Margarita, 23 años, estudiante de economía, cristiana de toda la vida con una relación fría con Dios y muy apática en la iglesia.

Sabía de ella desde que tenía unos 14 años pues sus padres eran líderes y ella había crecido en la iglesia. Servía y era de esos rostros conocidos de cada fin de semana. Había tenido un novio que decía ser cristiano pero la verdad es que no iba mucho a la iglesia; era simpatizante pero no alguien que realmente viviera su fe. No tenía muchos amigos pues tenía fama de ser conflictiva, aunque ella decía que los demás no la entendían.

Cuando llegó a mi grupo ya había pasado por otros dentro de la red de universitarios. Su argumento para cambiar era que no se sentía bien, que sus líderes no eran buenos y que quería algo diferente.

Cuando supe de su decisión me estresé, pues sabía de sus problemas de carácter. Sin embargo, le di una cita y al preguntarle si quería crecer en algo, si necesitaba en algún área de su vida una consejería especial para iniciar un camino con Dios, ella me hizo saber que estaba bien y que los del problema eran los demás.

La estrategia que con ella funcionó fue la de darle espacio. Después de recibir comentarios de sus anteriores líderes, vi que ella necesitaba tener una relación diferente, pues se había acostumbrado de alguna manera a ser la niña que se quejaba, que llamaba la atención, y con eso buscaba que todos estuvieran detrás de ella. En pocas palabras, aunque tenía 23 años, realmente actuaba como una chica de 14. Emocionalmente no había superado la adolescencia y estaba siendo caprichosa y egocéntrica. Esto suele pasar y debes tenerlo presente como líder: la edad no asegura madurez y muchos van a llegar a nosotros así, por lo que debemos entenderlos, ser pacientes y ver que están aún en esa otra etapa. Por eso debemos ir ayudándolos a salir para que logren afrontar su edad y su rol en el presente de una manera adecuada.

Después de orar le planteé una estrategia: como ella estaba tan frustrada por lo que veía en otros grupos y como no veía nada en qué podíamos ayudarle, le dije que se tomara un tiempo y no fuera más al grupo, que estuviera juiciosa asistiendo al culto y que le preguntara a Dios qué necesitaba ella en su vida, cómo estaba su fe, su pasión por Él y si el grupo podría llegar a ser una buena opción para ella.

Ella me miró con cara de «¿De verdad?». Y le dije: «Sí, ya eres grande y tú decides».

Para ella eso era como hablarle en japonés avanzado pues venía de una mamá sobreprotectora, que la obligaba a hacer cosas, la comparaba con sus hermanas mayores y no la dejaba decidir, lo que le reforzaba la idea de que ella era una niña y no una mujer.

Por tres meses no la vi en el grupo, oramos por ella con el equipo y esperamos. El acuerdo incluía que ella debía escribirme en el momento en que hubiera decidido qué hacer.

Un martes recibí su email de dos renglones donde me decía que me pedía una cita urgente.

Cuando nos vimos a la semana siguiente ella llegó con una mirada y actitud muy diferentes. Con ojos llorosos me dijo: «Necesito a Dios, necesito un cambio».

En esos tres meses tuvo problemas en su universidad con unos trabajos en grupo que debía realizar, y por primera vez reconoció que algo le pasaba a ella al relacionarse con otros. Identificó que le costaba orar y que su relación con Dios era muy condicional, que su fe no era firme y que, para completar el cuadro, un joven de la iglesia que le gustaba estaba de novio con otra chica.

Ayudarla fue también otro desafío, pues no necesitaba más teoría cristiana, ya se la sabía toda y la recitaba. Ella debía ahora aprender a aplicar a su día a día todo eso que sabía; necesitaba volver a lo básico con Dios, reconocer su orgullo y su necesidad ante el Señor y vivir una fe transparente y diaria.

Dios fue fiel y dio respuestas a su vida. Poco a poco logró de manera humilde crecer, madurar y decidirse por Jesús a sus 23 años de nuevo, con plena convicción. Lo más duro para ella fue lograr cambiar la manera como se relacionaba con otros, tener una actitud de servicio y no de exigencia o control, dar y no juzgar, y reconocer sus errores.

No fue fácil que otros le dieran nuevas oportunidades, pero lo hicieron y vimos cómo Margarita empezó a tener una vida social de amigos sanos que la ayudaron a madurar y a apasionarse por Dios de nuevo.

Mi última historia es la de un universitario que llamaré Leonardo, de 20 años, un hijo pródigo que regresó a casa con estudios inconclusos, sin ningún trabajo ni visión, con una pésima relación con sus padres y su hermano, y con un antecedente judicial por el intento de homicidio de otro joven.

En su adolescencia, por los conflictos en su casa, se fue de la iglesia y terminó refugiándose en una tribu urbana de tipo oriental, creando un personaje y asumiendo ese rol como propio, el cual no solo generaba miedo, sino que impedía que uno supiera de qué sexo era, pues los rasgos eran muy confusos por el maquillaje y la caracterización que tenía.

Esa tarde llegó a la iglesia y se quedó en la acera mirando lo que le rodeaba. Una universitaria que es extremadamente valiente y evangelista se le acercó y le preguntó si estaba solo y quería ir con ella a un grupo. Él le dijo que sí y fue así como lo conocimos.

Cuando llegó al grupo no sabían si era hombre o mujer. De hecho, al saludar a los nuevos, tuvieron que decirle a la chica que lo había llevado que lo presentara, así ella despejaría las dudas y sería más fácil el acercamiento.

Sobre Leonardo se discernía una fuerte carga espiritual de ocultismo. En medio de la enseñanza su actitud fue muy difícil, pues no hacía contacto visual, y al orar al final del encuentro, la situación se le hizo pesada y no pudo aguantar más. Se sintió tan incómodo que salió corriendo. Después, en su proceso de discipulado, supimos que cuando oraba escuchaba voces en su mente. También contó que le era imposible cerrar los ojos al orar, ya que veía demonios que lo intimidaban.

Luego nos fuimos enterando de parte de su historia: consumo de drogas, una vida sexual desordenada, prácticas fuertes de ocultismo, mentira, pérdida de conciencia con ataques de ira, pensamientos suicidas, conflictos en su casa, entre otros problemas.

En medio de todo lo que estaba viviendo, por un lío legal que había tenido que afrontar y que casi lo lleva a la cárcel, decidió pensar en Dios como su salida, recordando que él había conocido alguna vez la verdad, que su tío a quien admiraba nunca había dejado de orar por él y que, en medio de su miedo y de muchas dudas, le habían enseñado que la iglesia era un lugar de ayuda.

Ninguna receta conocida ni escrita en libros nos daba respuestas para este caso. Además, lo de su otra identidad japonesa hizo que tuviéramos que estudiar en profundidad para dimensionar lo que estaba detrás de ese grupo al que había decidido pertenecer.

Muchas semanas después y con paciencia, Dios nos dio diferentes ideas para quitarle a Leonardo sus argumentos rebeldes y de manipulación, para ganar su confianza, para que la mentira saliera de la comunicación y para que la autoridad fuera vista de otra forma. Se hizo un equipo con otros jóvenes para el cuidado de Leonardo en la semana, y en horarios donde él era tentado a volver a su anterior vida. Sé que hubo amor en medio de muchas confrontaciones, donde fue clave llevarlo a decidir que era tiempo de asumir su vida y no culpar más a su familia, amigos, ex novias, etc., pues debía responsabilizarse por sí mismo. Él entendió que era tiempo de dejar las máscaras, las mentiras y buscar a Dios cara a cara.

La paciencia y el valorar las cosas sencillas fueron vitales al pastorearlo. Hubo tareas tan sencillas como leer un versículo al día (sus neuronas enfermas no le permitían entender más que eso), entrar a la reunión acompañado, orar con los ojos abiertos, reportarse semanalmente en una cita, ir al psiquiatra y saludar a su mamá a diario y sin gritarle.

Se hizo un trabajo con la familia, y aunque hubo momentos difíciles en el camino, donde incluso muchos no entendían por qué se le daba a este joven este cuidado sabiendo lo peligroso que podía llegar a ser, Leonardo se dispuso y Dios respondió a su necesidad paso a paso.

Su proceso sigue hasta este momento en el que escribo el libro. Lleva más de dos años limpio de drogas, libre de su pasado oscuro, médicamente estable y su cuerpo ha respondido al recuperar el sueño y la estabilidad mental. De las cosas que más me impactan es que pudo volver a estudiar y a trabajar y hoy, gracias a su cambio, asisten a la iglesia su mamá y su hermano, quienes no pueden creer que él haya vuelto en sí y sea libre. Los que lo conocieron en la iglesia en sus peores años lo ven y no lo saludan pues no lo reconocen, su rostro es otro y su corazón está totalmente agradecido a Dios. Hoy sonríe, canta y adora con sus manos en alto y los ojos cerrados sin temor, y sueña con un futuro diferente, que es lo más importante. Tiene amigos sanos, hace deportes y vive su fe sincera con Jesús como su todo.

¿Quién necesita que le preparemos un plato único y especial para mostrarle el amor de Dios y un futuro de esperanza y restauración?

¿Qué recetas debemos archivar por un tiempo para pensar en nuevos enfoques para nuestro liderazgo?

Uno de los valores de e625 con los que su fundador más insiste es que no hay una fórmula mágica para el ministerio.

5
EL SECRETO DE LAS PREGUNTAS

Si leemos con atención los evangelios, un tema recurrente en la relación que tuvo Jesús con sus discípulos y también en la interacción con sus opositores fariseos, fueron las preguntas y las respuestas. Entre las que le hicieron a Jesús hubo preguntas cortas, largas, profundas, obvias, simples y hasta confusas. Te reseño solo algunas para que las puedas identificar:

Mateo 13:10

«Sus discípulos se le acercaron y le dijeron:

¿Por qué usas esos simbolismos tan difíciles de entender?».

Marcos 11: 28

«...Le preguntaron:

¿Quién te dio autoridad para hacer lo que haces?».

Juan 9:2

«Y sus discípulos le preguntaron:

—Maestro, ¿este hombre nació ciego por culpa de su pecado o por el pecado de sus padres?».

Lucas 7:20

«... ¿Eres tú el que ha de venir o debemos esperar a otro?».

Y Jesús no se sintió intimidado por ninguna de ellas. Él las respondió incluso con otras preguntas para involucrar a sus oyentes en conversaciones significativas. Aquí van algunas que hizo Jesús:

Mateo 9:5

«Díganme, ¿qué es más difícil: sanar a un enfermo o perdonarle sus pecados?».

Lucas 9:20

«Y ustedes, ¿quién dicen que soy yo?».

Juan 21:15

«Después de desayunar, Jesús le preguntó a Simón Pedro:
—Simón, hijo de Juan, ¿me amas más que éstos?».

CUANDO LOS BUENOS MAESTROS HACEN PREGUNTAS NO ES SOLAMENTE PORQUE QUIEREN SABER SI SUS ALUMNOS TIENEN REPUESTAS SINO TAMBIÉN PARA AYUDARLOS A ENCONTRARLAS.

Cuando los jóvenes hacen preguntas no es una señal de rebeldía; y cuando los buenos maestros hacen preguntas no es solamente porque quieren saber si sus alumnos tienen repuestas sino también para ayudarlos a encontrarlas.

Si un líder quiere lograr que sus discípulos comprendan de qué se trata la causa que persiguen debe tener claro que deberá asumir necesariamente las preguntas, y que lo esperado es que éstas sean respondidas. Esto parece obvio ¿no? Sin embargo, cuando hablamos del liderazgo de jóvenes y en una edad que cuestiona tanto las cosas como la que nos compete, la mayoría de las veces se considera que preguntar, dudar e insistir en un punto es un síntoma de rebeldía y de incredulidad, pues si se cree solo se debería asentir y no preguntar. Esto ha dañado la visión que tienen los universitarios acerca de la iglesia, pues el que ellos cuestionen es algo que nosotros debemos esperar por el desarrollo mental que están teniendo a su edad. El asumir que deben ser ciegos y mudos sencillamente va en contra no solo de cómo funciona su cerebro, sino que además les hace sentir que no hay lugar para ellos en la iglesia, que Dios no es práctico en su día a día y que el lugar donde sí hallan respuestas a sus inquietudes es el mundo.

Los universitarios se preguntan permanentemente acerca de su fe, acerca de sí mismos, del futuro, de cómo sus creencias pueden relacionarse con sus dones, con su visión académica y profesional y muchas cosas más. Si nosotros no respondemos es claro que otros lo harán. En realidad, ya lo han hecho, y por eso muchos jóvenes que creían en Dios hoy no lo hacen. Por eso ministerios como el de Rice Broocks, autor de los libros «Dios no está muerto» y «Hombre, mito, Mesías» están orientados a tener grupos en las universidades donde los líderes juveniles responden las preguntas de los estudiantes frente a los argumentos del ateísmo, por ejemplo, y de otras religiones frente al cristianismo, entre otras cuestiones.

Ahora, quiero tranquilizarte en algo, y es en que no necesitas ser un erudito en los temas científicos o filosóficos. Claro que debes estudiar y prepararte, e incluso ingresar a un instituto bíblico puede ser vital en tu formación como líder. Eso te ayudará en esto y en miles de cosas más, pero lo que quiero decir es que si aún no tienes ese diploma no significa que no puedas ayudar a los jóvenes con sus preguntas. Existen libros de consulta y puedes contactar al joven con expertos en ese tema para que puedan hablar el mismo lenguaje. El punto es validar sus inquietudes y no desmerecerlos por preguntar.

A lo que quiero llevarte es a algo más profundo, a esas preguntas a través de las cuales ellos manifiestan sus inquietudes frente a su vida personal y su fe. Estas preguntas no son tan teóricas, pero para ellos son trascendentales y, en mi experiencia, he visto que podemos minimizar, ignorar o sencillamente responder «porque sí», «porque la Biblia lo dice», «porque en mi caso funcionó», etc.

Responder así es perder una oportunidad increíble de explorar con ellos lo que necesitan saber en lo más profundo de su interior. He visto que detrás de muchas inquietudes hay algo más de fondo y es que tienen la necesidad de encontrar a alguien con quien hablar, de sentir que pueden ser transparentes en sus crisis y miedos, de mostrarse como son y de redescubrir a través de sus preguntas quién es Dios para ellos y cómo pueden entender el mundo espiritual y los principios de la Palabra en sus decisiones cotidianas.

VENTANAS A SU CORAZÓN

Quiero animarte a que pienses lo siguiente: si un joven ya te preguntó algo técnico y ahora te pide un momento para contarte sus dudas acerca de su fe, créeme, se acerca el momento en el cual te abrirá su corazón y lograrás ver qué es eso que realmente él o ella debe resolver y que antes no había hablado con nadie. Vas por buen camino, no pierdas la oportunidad, Dios está formando en ti el corazón de pastor que ese universitario necesita.

Cierro este capítulo compartiendo algunas preguntas que hemos visto que los jóvenes se hacen a esta edad y, aunque no siempre las verbalizarán de esta manera, sí las tienen en su cabeza. Conocerlas te dará un ejemplo de lo que pasa por su mente y cómo es la fe de tus muchachos:

- Sueño con entrar a la universidad; estoy feliz de sentirme más grande, pero tengo miedo. ¿Lograré salir adelante en esta etapa que inicio?
- Me bombardean en la universidad por mi fe. ¿Dios sí existe? ¿Mi fe es real o al final del camino concluiré que mi fe de niño es una farsa?
- ¿Mis dones y habilidades pueden ser usados por Dios solo en la iglesia o también en lo secular?
- ¿Cómo sé que estoy haciendo la voluntad de Dios en la carrera que estudio y con la persona que me gusta?
- ¿Es malo pensar en viajar o estudiar afuera? ¿Puedo perderme? ¿Es pecado?

- Si mis padres no me pueden pagar la carrera, ¿cómo logro esa meta? (tips de trabajo y ahorro).
- ¿Puedo aspirar a cosas grandes cuando vengo de un contexto de pobreza y siempre me han dicho que no lo lograré? (mentalidad de escasez vs. mentalidad de conquista).
- ¿Dios puede perdonarme si ya la embarré en todo? (área sexual, satanismo, vicios).
- ¿Es válido opinar acerca de algunas prédicas y mandatos de la Biblia? ¿Puedo decir lo que pienso?
- Si me equivoqué de carrera, ¿qué puedo hacer?
- ¿Puede Dios restaurar mi área sexual y mi identidad sexual?
- ¿Cómo puedo hacer desde mi carrera para ayudar a la sociedad?
- Mi papá nos dejó y soy el hombre de la casa, ¿cómo sueño con mi vida cuando mi mamá y mis hermanos dependen de mí?
- ¿Vale la pena llegar virgen al matrimonio cuando nadie lo hace?

- ¿Cómo logro la santidad sexual?
- Tengo luchas con el mundo y la presión en la universidad es fuerte. ¿Cómo soy luz sin caer? ¿Es posible ser santo?

LAS PREGUNTAS DE TUS JÓVENES SON IMPORTANTES PORQUE REVELAN LO QUE HAY EN SUS CORAZONES Y TE BRINDAN LA OPORTUNIDAD DE HACER CONTACTO CON SUS NECESIDADES MÁS ÍNTIMAS.

- Dependo mucho emocionalmente de mi mejor amiga de la iglesia. ¿Está bien o puedo estar cayendo en lesbianismo?
- ¿Se puede ser libre de la confusión sexual? ¿Puedo ser heterosexual?
- ¿Cómo honro a mis padres si sé sus pecados, incoherencias de fe y errores?
- Fui herido por los líderes de otra iglesia. ¿Es posible confiar en ti? ¿Cómo sé que puedo contarte cosas personales y que serás escudero de mi confianza?
- ¿Dios tiene un plan para mí? ¿En serio me conoce, oye y responde?

- ¿Cómo perdono el maltrato, el abuso y la culpa por cosas que he vivido?
- ¿En verdad crees en mí? ¿Ves potencial? ¿Soy bueno para algo?
- ¿Cómo hago para amar a Dios después de tantos años de conocerlo y de tener tanta información, pero no sentir pasión por Él?

Las preguntas de tus jóvenes son importantes porque revelan lo que hay en sus corazones y te brindan la oportunidad de hacer contacto con sus necesidades más íntimas. Pero, ¿y qué hay de tus preguntas? Jesús hizo preguntas porque muchas veces son la mejor estrategia para hacer que tus jóvenes piensen por ellos mismos, para que descubran las respuestas por sí solos o para que reflexionen mejor sobre las decisiones que tienen que tomar. Recordemos que liderar no se limita a decirle a la gente lo que tiene que hacer o creer. Debemos mostrarles el camino, pero sus convicciones las edifican ellos.

Cuando en un ministerio se tiene por norma mantener en secreto las preguntas que se hacen, es porque en ese ministerio se respira libertad y se aprende a madurar.

6
EL SECRETO DEL MODELO

¿Qué estarías dispuesto a hacer y a dejar de hacer por amor a los universitarios que están bajo tu cuidado?

Piénsalo por un momento, respira profundamente y vuélvelo a pensar.

Tal vez puedes responder: «Estoy dispuesto a dar mi tiempo, dinero, ideas, fuerzas, conocimiento y podría dejar mi comodidad y mi manera de hacer las cosas para aprender otras nuevas». Y está muy bien. Todo eso forma parte del «combo» que como líderes tenemos que asumir cuando cuidamos a otros. Pero quisiera que me permitas llevarte más allá. Hace unos años Dios me llevó a una encrucijada, y fue cuando me preguntó si estaba lista para dejar de hacer cosas que podrían ser buenas y normales para mí pero que podían abrir puertas peligrosas para mis jóvenes.

Aunque soy cristiana desde los 9 años y empecé a trabajar con jóvenes antes de mis 18, por cosas que viví en la iglesia en una ocasión, hice un alto en mi deseo de servir y de ser miembro activo en la misma. Estuve cerca de año y medio haciendo un tour por otras iglesias sin servir ni liderar, y huyendo del propósito que Dios tenía para mí. Después de un tiempo y de algunos golpes, me planté en mi congregación actual y, luego de algunos procesos de sanidad, Dios volvió a poner en mí el deseo de ayudar a otros y comencé a involucrarme en el liderazgo.

Inicialmente creí que por mis años anteriores de experiencia ya manejaba al 100% el concepto de lo importante que es ser ejemplo al liderar. Sabía que al ser visibles y tener autoridad necesitábamos cuidar nuestra forma de actuar, de hablar y de reaccionar. En resumen, desarrollar un carácter maduro que refleje al Dios al que servimos; seguro sabes a qué me refiero. Pero había más. Me di cuenta de que la responsabilidad era mayor de lo que yo pensaba.

A los pocos meses de cuidar a otros y conocer las historias de varios jóvenes en mi grupo y sus luchas con el alcohol y las drogas, casos en los que ya la adicción los estaba enfermando, vino a mi corazón la convicción del Señor de que yo debía abstenerme de tomar alcohol, aunque no fuera una tentación fuerte para mí. Fue así como dejé el consumo de alcohol a cualquier nivel, inclusive en un helado o en un café, cosas que eran normales para mí.

Para darte una idea de mi contexto, el consumo de alcohol en Colombia es extremadamente alto entre la juventud. Los que desarrollan alcoholismo llegan a más del 48%, y en la capital, Bogotá, el 79% de los jóvenes de 18 a 25 años caen en esta problemática. La mayoría se inicia en el consumo en reuniones casuales a muy corta edad, y si unimos esto a entornos familiares disfuncionales, crisis emocionales, pérdidas importantes, algún tipo de abuso sexual y una presión de grupo insistente, es muy fácil tocar fondo sin darse cuenta.

También en sesiones de consejería pude encontrarme con muchas historias de jóvenes que nunca tomaron pero cuyas vidas fueron marcadas por el alcoholismo en sus casas; así, sus heridas afianzaron mi decisión. Ver universitarios llenos de dolor por los recuerdos de su niñez al tener que limpiar el vómito de sus padres en sus borracheras, arreglar la casa y cuidar a sus hermanos menores mientras sus padres pasaban su resaca, ser abusados sexualmente por familiares ebrios, el maltrato de su padre a su madre en momentos de ira como resultado de los tragos, e imágenes dolorosas donde algunos solo recordaban que los únicos abrazos de su mamá o su papá era en medio de una fiesta con alcohol los 31 de diciembre.

Menciono este contexto porque mi propuesta no es que dejes de tomar alcohol por amor a tus jóvenes, sino que lo tengas en cuenta con misericordia y entiendas la importancia de ser para ellos el modelo más ejemplar que puedas llegar a ser. Haber decidido eso, en mi caso, incluso me ayudó a leer la Biblia de forma distinta. Algunos versículos cobraron un mayor sentido en mi liderazgo al pensar en lo que podemos hacer o no por amor a otros.

Mira estos:

«Así que dejen de estarse criticando. Traten de vivir de tal manera que ningún hermano tropiece o caiga por culpa de ustedes. En cuanto a mí, tengo la seguridad absoluta de que podemos comer de todo. Pero si alguien piensa que es malo comer algo, no debe comerlo, porque es malo para él.

Y si tu hermano se entristece por lo que comes, sería una falta de amor persistir en hacerlo: No permitas que por tu comida se pierda aquel por quien Cristo murió.

No hagas nada por lo cual se te pueda criticar, ni aun cuando sepas que es bueno. Después de todo, en el reino de Dios lo más importante no es comer ni beber, sino practicar la justicia y la paz y tener el gozo del Espíritu Santo. El que de esta manera sirve a Cristo, le causa alegría a Dios y es respetado por la gente.

Por tanto, hagamos todo lo que sea posible para contribuir a la armonía en la iglesia y a la edificación mutua. No destruyas la obra de Dios por la comida. Recuerda, todo alimento es bueno; lo malo es comerlo y con ello hacer tropezar a alguien. Lo mejor que uno puede hacer es dejar de comer carne, beber vino o hacer cualquier cosa que pueda inducir al hermano a pecar. Así que aquello de lo que estés convencido, guárdalo como algo entre Dios y tú. Dichosa la persona a quien su conciencia no la acusa por lo que hace». (Romanos 14:13-22)

Es verdad que «todo está permitido», pero no todo es provechoso ni edifica a los demás. Uno no puede pensar sólo en uno mismo. Hay que pensar en lo que conviene para el bien de los demás. (1 Corintios 10:23-24)

Y 2 Pedro 2:19 dice: «...uno es esclavo de cualquier cosa que lo domine».

Sea cual sea tu postura frente al tema del alcohol y de otras cuestiones similares, mi punto es ayudarte a ver que hay situaciones que para nosotros no serán motivo de lucha o tentación pero que sí pueden serlo para los jóvenes con los que trabajamos. Seamos conscientes o no, buenos o malos, somos modelos, y debemos saber que algo que puede ser intrascendente para nosotros, para otro puede ser el punto límite hacia su abismo. El diablo lo sabe también, y va a aprovechar cualquier situación aparentemente negativa para que cualquiera de nuestras conductas sea el puntapié inicial hacia una conducta negativa de ellos o al menos la excusa.

SEAMOS CONSCIENTES O NO, BUENOS O MALOS, SOMOS MODELOS, Y DEBEMOS SABER QUE ALGO QUE PUEDE SER INTRASCENDENTE PARA NOSOTROS, PARA OTRO PUEDE SER EL PUNTO LÍMITE HACIA SU ABISMO.

Ser ejemplar no es ser perfecto. Ser perfectos es imposible (¡gracias a Dios!), pero ser ejemplar sí va más allá de tener una buena conducta y un pulcro aspecto personal. Ser un modelo para otros debe ser algo intencional, y tiene que ver con el peso de nuestras convicciones y con cómo cuidamos al otro con acciones concretas. Es morir a mí por la libertad de otros y practicar el amor al estilo de Juan 15:13:

«Nadie tiene más amor que el que da la vida por sus amigos».

LA HISTORIA DE DANIEL

Daniel (esta vez sí es su nombre real) es uno de los jóvenes que hoy es padre de familia y líder en nuestro ministerio. Pensar en que algún día lograría su victoria parecía casi imposible hace unos años, y él es una de las razones por las que tomé aquella decisión con respecto al alcohol. Cuando me encuentro con él, lo saludo y algunas veces le pregunto cuántos años lleva sin problemas con el alcohol. Me mira con gozo y puedo verlo a los ojos y decirle que estoy a su lado en este camino de libertad.

En esta oportunidad, a diferencia de los otros capítulos, le pedí a él mismo que nos contara cómo vivió su proceso, qué límites tiene hoy en día en su vida y qué significó para él que, como iglesia, lo apoyáramos y no tomáramos alcohol por amor y cuidando su proceso de restauración. Espero que disfrutes su historia:

Mi infancia no dista mucho de la de la mayoría de los jóvenes. Crecí en una familia rodeado de afecto y amor, vivía entre la casa de mis abuelos maternos y la casa de mis papás junto con mi hermano menor. Mis papás trabajaban bastante, por lo que pasamos mucho tiempo junto a una niñera. Muchos recuerdos se cruzan por mi mente cuando pienso en mi infancia, unos muy buenos y otros no tanto. Recuerdo, por ejemplo, ver a mi familia compartiendo y pasando momentos agradables, pero también recuerdo ver a mi abuelo materno borracho y golpeado; recuerdo ver las reuniones en casa con botellas de tragos sobre la mesa, el ver a mis papás bebiendo en reuniones sociales; también recuerdo con claridad las consecuencias del trago en mi familia.

SER EJEMPLAR NO ES SER PERFECTO.

La primera vez que yo probé el trago tendría unos 12 años. Mis papás no estaban; yo me encontraba con unos amigos de la infancia en la casa de verano. Nadie lo notó, me gustó, me sentí feliz, me sentí parte de algo y a partir de ese momento algo se despertó en mí. Cuando veía la oportunidad quería beber, así fuera poco, pero ese deseo fue incrementándose. Al llegar a los 16 años empecé salir con amigos del colegio y descubrí un mundo abierto a complacer mis deseos. La música, la literatura y el trago se volvieron mi centro; nuevamente todo esto me hacía sentir feliz, pleno e importante.

Cabe aclarar que cuando tenía 14 o 15 años mi familia empezó a asistir a una iglesia cristiana. Sus vidas cambiaron en muchos aspectos, pero para ese punto ya mis padres se habían divorciado, ambos se habían vuelto a casar y, junto con mi hermano, debíamos ponernos una máscara de santidad que literalmente nos quitábamos al salir de la iglesia. Yo ya fumaba casi a diario y hacíamos un sin fin de cosas que mis papás nunca supieron (bueno, no en ese momento). A pesar de estar cambiando sus vidas, algo seguía presente en casa y era el licor para cocinar, licor para cuando había algo importante, licor porque en la Biblia no decía nada de un traguito y ellos evidentemente ya no se emborrachaban, eran solo algunos traguitos.

Al salir de colegio y entrar a la universidad, el mundo se abrió aún más, era «libre». Descubrí que había una forma de financiar mi deseo de beber, descubrí las apuestas, descubrí que podía hacer dinero y que ese dinero me iba a dar lo que deseaba. Pronto el juego y el trago se hicieron muy amigos en mi vida, pero tan rápido como se hicieron amigos se juntaron otros elementos que no eran tan deseables ni tan sociablemente aceptables. Si tomaba de más, gastaba de más; si gastaba de más, jugaba más; si jugaba más, debía tener más dinero; si necesitaba más dinero y mis papás no me lo suministraban o no me lo podían dar, tomaba lo que no era mío (robaba a mis papás) o vendía lo que tuviera a mi alcance. Del mismo modo, si tomaba de más igual debía responder con mis estudios, por lo que en ocasiones debí consumir cocaína para que se me pasara la borrachera rápidamente. Una vez más, mis papas no sabían nada.

El gran resultado de mi grupo de adicciones fue perder el cupo en una de las mejores universidades del país. Cambié entonces de universidad y en un conjunto de situaciones que aún hoy no logro entender del todo (solo sé que fue providencia divina) por poco pierdo la vida. Hasta ese día, el 15 de septiembre de 2009, bebí y bebí, pero ese día tuvo un impacto tan profundo en mí que hubo un alto, un difícil alto, un alto que ya antes había hecho o tratado de hacer.

Muchas veces había asistido a la iglesia pero mi relación con ella era distante, fría. La iglesia era la casa de un Dios imaginario creado para satisfacer los deseos de los débiles de mente. Yo era ateo, un enemigo acérrimo de la figura de Dios y de sus representantes. No creía en nada ni en nadie; lo único que llenaba mi vida era vivir al límite. El trago era la mecha que detonaba mi alegría, una alegría que solo yo entendía, y era lo que había decidido. Después de todo, ya era mayor de edad, ya tenía cédula. Yo podía, yo quería.

El 25 de septiembre de 2009 simplemente salí de mi casa, tomé el automóvil y fui al sitio menos esperado, al sitio al que nunca había ido por voluntad propia: la iglesia, a la que desde ese día sería mi *iglesia y a partir de ahí algo empezó a cambiar. Llevaba diez* días sobrio, *encerrado en mi casa, alejado de todo. Tenía miedo, no era feliz, había dejado de serlo, ya no había mecha, nada detonaba mi felicidad, y llegué a un grupo de conexión de jóvenes universitarios. Ellos sí eran felices, sonreían y yo me preguntaba una y otra vez:* ¿por qué?

Sin lugar a dudas no había alcohol, entonces ¿qué los hacia sonreír, cantar y disfrutar la vida? Al día siguiente, por primera vez, y de manera autónoma, sincera y honesta, hice la oración de fe. Yo, un ateo consumado, estaba allí, postrado, entregando mi vida a Dios, al que dio su vida por mí, por un alcohólico, ludópata, fumador y con serios indicios de una adicción a los estupefacientes. Dios envió a su Hijo a morir por mí y eso me hizo sentir vivo, pero no sabía cómo vivir.

Como dije antes, llegué a un grupo de jóvenes liderado por personas ejemplares, no perfectas pero sí dignas de ser llamadas ejemplos, que me mostraron y enseñaron la fuente de su alegría y me enseñaron que se puede ser feliz, realmente feliz, sin alcohol. Nunca me prohibieron beber, así como nunca se los prohibieron a ellos, pero algo que entendí y que aprendí es que por amor a mí me estaban dando apoyo y al dejarlo de hacer me decían ¡sí se puede!

Salir de una adicción no es fácil, requiere mucho esfuerzo y dominio propio; en mi caso tuve que alejarme de cosas y situaciones. Por ejemplo, hoy en día no como nada que tenga vinagre (los encurtidos y las conservas están fuera de mi alimentación), no como nada que haya sido preparado con licor, no comparto con nadie que esté bebiendo (no se trata de ser grosero sino firme), pero también se trata de rodearse de personas que apoyen, guíen, den ejemplo, personas lo suficientemente dispuestas a morir a sus deseos para que otros crezcan y sanen sus heridas.

Hoy no bebo, no apuesto, no fumo, no consumo nada que me aleje del propósito de Dios en mi vida. Vivo por un Dios vivo, real, que a diario me fortalece y usa a otras personas para fortalecerme. Hoy llevo casi diez años sobrio.

Hasta aquí el relato de Daniel

Estas son algunas preguntas que he aprendido a hacerme:

- ¿Qué te está pidiendo el Señor que hagas o dejes de hacer por los jóvenes que Él te ha confiado?
- ¿Tienes alguna puerta abierta en tu vida que pueda afectar negativamente la fe de tus discípulos?

Aquellas iglesias que proveen ejemplos que inspiran a los jóvenes universitarios a cuidarse, a ser mejores y a pensar en grande, son las congregaciones que están mejor preparadas para contar con ministerios de universitarios que se multipliquen y sigan expandiendo el reino de Dios.

7
EL SECRETO DE LA INTIMIDAD

Todos necesitamos relaciones de intimidad. Los niños, los adultos y, aunque pareciera que ellos solo disfrutan los grupos grandes y las actividades masivas, incluso los adolescentes necesitan relaciones significativas y cercanas. Lo que sucede en el caso de los universitarios es que esta necesidad está a flor de piel y es un grito de identidad.

Durante la adolescencia eran identificados por su grupo tanto o más que por sus características individuales, pero ahora eso debe quedar atrás. En su paso hacia la autonomía de la adultez, ahora deben decidir y escoger quiénes son sus amigos más cercanos y no simplemente encontrarse con ellos como sucedió en la adolescencia. Dios diseñó al ser humano para ser relacional y las relaciones interpersonales juegan un rol fundamental en nuestra percepción de la realidad, y ahora que todo está en juego, esas relaciones son más selectivas que nunca.

CREAR ESPACIOS PARA LA INTIMIDAD

Siempre es posible romper el hielo en el grupo, y un ambiente atractivo, lleno de gracia y no amenazante, abre las puertas para eso. Propiciarles espacios donde hagan amigos y maduren juntos genera el espacio necesario para que surjan esas relaciones de intimidad que necesitan. Todo lo que inventes de competencias, debates, juegos, foros, encuentros, conciertos, festivales de talentos, campamentos, etc., es válido, pero con esta edad no puedes olvidar acercarte a ellos en un espacio personal de discipulado y consejería.

Como lo dijimos al inicio del libro, puede que muchos universitarios no demuestren abiertamente esta necesidad muy seguido, pero créeme, ellos están añorando hablar con alguien a otro nivel.

Algunos irán de frente, y a los pocos días de ir a tu grupo o reunión te dirán: «¿Podríamos reunirnos para hablar?» Aprovecha y di «¡Sí!». Otros, por cosas que vivieron, te estudiarán unas semanas o meses hasta dar ese paso, o empezarán a mandarte señales para que rompas tú el hielo y facilites que él o ella pida el encuentro. Es normal que esto ocurra, y como sea que se den las cosas, tú como líder necesitas acercarte.

LOS JÓVENES ESTÁN AÑORANDO HABLAR CON ALGUIEN A OTRO NIVEL

Algo que he aprendido es que el joven que más te intimida y que no es fácil de abordar, saludar y abrazar, usualmente es el que espiritualmente tiene cosas más profundas que resolver. Por eso refleja esa carga negativa en su exterior; esa oveja requiere mucha más ayuda en lo personal de lo que crees. Esos casos son en los que más necesitas poner en oración, tomar aire y finalmente decidirte a vencer esa barrera de rechazo. Solo buscando a

Dios puedes recibir esa dosis de amor incondicional extremo.

Al acercarte, el secreto no es solo oír y preguntar cosas, sino que tengas presente que se trata de ir construyendo poco a poco una relación de confianza en la que ellos puedan dejar a un lado sus prejuicios y defensas y se den cuenta de que tú como líder eres un ser humano igual, normal, no un ángel inmaculado; que ser espiritual no significa hablar raro, orar raro y vivir raro, sino que la fe se traduce en hechos reales y cotidianos. Es bueno que ellos sepan que luchamos con cosas y que hemos pasado por momentos duros también. Ellos necesitan a alguien que tenga una fe que sirva de ejemplo, pero no por ser una fe ciega sino por ser una fe que a pesar de todo sigue firme y va madurando.

Una vez que se ha roto el hielo y la confianza está en construcción, puedes tener presentes los siguientes tips:

- Da respuestas prácticas y realistas, no religiosas.

> PARA CADA JOVEN SU REALIDAD ES DURA, Y NO PODEMOS MEDIR SUS SENTIMIENTOS SEGÚN NUESTRO PARECER. CADA TEMA QUE TE CUENTEN ES VÁLIDO, CADA DOLOR, MIEDO Y RABIA ES IMPORTANTE.

- Si fallas en algo, reconócelo y pídele perdón a tu discípulo. Eso no te hace menos, al contrario: para ellos, que son críticos con las figuras de autoridad, el ver que te disculpas les da una lección tremenda, además de que le quita al diablo cualquier posibilidad de dañar la relación.
- No des palos, no seas duro; aun en momentos donde debas actuar con firmeza, la reactividad no puede ser el empaque de tus palabras ni de tus gestos.
- No minimices el dolor de lo que te dicen. Si te cuentan que están mal porque alguien no los saludó o porque su mamá tiene cáncer, no consueles más a uno que a otro. Para cada joven su realidad es dura, y no podemos medir sus sentimientos según nuestro parecer. Cada tema que te cuenten es válido, cada dolor,

miedo y rabia es importante. Si te lo están contando es porque necesitan ayuda. Si tú no los entiendes, ¿cómo van a creer que Dios sí los va entender?

- Haz en tus citas muchas preguntas. No se trata de darles el ABC de qué hacer sino de ayudarlos a encontrar su propia respuesta con el Señor. Nuestra meta es hacerlos pensar, mostrar opciones, ponerles puntos de decisión:
  - ¿Qué crees que pasaría si haces lo que me dices?
  - ¿Dejar de hacer eso te ayudaría en qué?
  - ¿Has pensado cómo te puede afectar dentro de tres años lo que me dices que quieres hacer hoy?
  - ¿Y si sigues esperando y no ocurre?
  - ¿Qué te ha dicho Dios?

  Es decir, necesitamos despertar sus neuronas y generar una lluvia de ideas para que ellos vayan a Dios y logren aprender a desarrollar un buen criterio para tomar decisiones y asumir lo que deciden.

- No todo lo debes saber o responder. También vale decir: «No sé, me dejas pensando. Oremos y si quieres en otra cita te cuento qué pienso del tema».
- Dejarles tareas es vital, pues no queremos formar bebés que solo dicen «sí señor»; además, el que tengan otros referentes es bueno en su desarrollo mental y espiritual. De acuerdo a lo que estás trabajando con ellos puedes dejarles tareas como leer libros, escuchar alguna predicación, estudiar un pasaje bíblico, pensar en ciertas preguntas para que las reflexionen con Dios, etc.
- En la siguiente cita ellos te contarán qué les dijo Dios y qué pensaron; ¡así vamos llevándolos a ser «Diosdependientes»!
- Tus experiencias pueden ayudar pero no las hagas recetas a seguir. Deben ser marcas de esperanza para que no se desanimen y decidan avanzar en la construcción de su propio camino.
- Muchos de ellos están solos (aunque tengan una familia). Debes velar por estar en

los momentos clave de su vida; eso refleja a Dios más que cualquier consejería o recomendación.

- Una llamada, un mensaje o una visita en esos momentos clave les habla de Dios de una manera muy clara. Sé sensible a:
  - Enfermedades de ellos o de un familiar.
  - Duelos.
  - Cumpleaños.
  - Tiempos de crisis económica (está desempleado, no tiene dinero para el otro semestre, necesita mercadería.)
  - Rompimiento de un noviazgo.
  - Crisis en la relación con padres o hermanos.
  - Situaciones tensas en el trabajo.
  - Si son de otra ciudad y viven solos, estar pendiente en días feriados o épocas de vacaciones donde muchos salen con sus padres y ellos estarán solos.
- Conoce más de su vida y no te quedes en su problema. Indaga sobre sus hobbies, gustos de comida, deportes, salud, amigos, etc.

- ¡Abraza! A esta edad por lo general muchos evitan el contacto físico, te saludan con distancia y un abrazo no sale ni es recibido de manera natural; sin embargo, en estos años he visto que esta expresión de afecto es importante irla conquistando poco a poco. Muchos de ellos se resisten por tener un pasado de maltrato y abuso, y otros lo evitan por la dureza o rechazo con el que han aprendido a relacionarse. Lo cierto es que tienen la necesidad, y cuando se gana la confianza y se les ayuda a cerrar esos ciclos del pasado, un abrazo les ayuda a sellar su sanidad y a ser libres de sus miedos. Cuando se cae la barrera física siento que es como cuando el alpinista llega a la cima y clava su bandera: algo se rompe en su interior y hay una plenitud inigualable en ellos. Te animo a que identifiques el momento apropiado para hacerlo y que lo veas como una siembra; poco a poco la tierra lo recibe y con el tiempo empezará a dar a otros de lo que ha recibido.
- Escúchalos con atención, siempre te van a enseñar algo. Aborda cada encuentro no solo con

la expectativa de dar sino de lo que Dios te va enseñar. ¡Te vas a sorprender de cuánto puedes aprender de ellos!

PLATAFORMAS DE LANZAMIENTO

Sin merecerlo, tú y yo hemos sido elegidos por Dios para ayudar a los jóvenes universitarios a amarlo a Él y a vivir una vida bendecida. Nuestro objetivo es que permanezcan tan cerquita de Dios que cualquier desafío que la vida les presente se convierta en una oportunidad de crecer, de ser mejores y de brillar para Jesús. Evidentemente Dios ha creído en nosotros, y por eso nos ha confiado esta edad tan vital. Lo que nos toca es ser una plataforma de lanzamiento que les permita a los jóvenes a nuestro cuidado llegar lo más alto y lo más lejos que puedan llegar para Dios. Estos jóvenes necesitan líderes que confíen en ellos y que les ayuden a pensar. Pastores y maestros que les faciliten tomar las mejores decisiones y alcanzar su potencial en Cristo.

Quiero animarte y desafiarte a que no te rindas ni pierdas el enfoque del verdadero propósito del ministerio con universitarios. Debemos amarlos en el nombre de Jesús para que ellos amen a Dios, se amen ellos mismos y así puedan amar a otros con todas sus fuerzas.

Asegúrate de que ellos sepan cuánto te importan y de que conozcan tu pasión por acompañarlos a la madurez. Cuando estás en el lugar correcto brillas y todo es más fácil, aun en medio de momentos tormentosos.

Sé fiel aun en los momentos de desánimo y recuerda que no puedes controlar sus reacciones pero sí las tuyas. Debes depender del Señor. Busca ideas y capacítate continuamente. La etapa universitaria es una época de decisiones de «alto voltaje» y por eso es tan importante que estés ahí y perseveres.

Pídele al Señor una mirada de fe. Que Él te revele esa foto final que tiene para cada uno de tus jóvenes, y ayúdalos a ellos a imaginar esa foto también.

Dios ha visto tu esfuerzo y será fiel en recompensarte; Él te agradece que le des una mano con los jóvenes de esta generación.

Estés donde estés te envío un abrazo. Tienes mi oración para que la buena obra que empezó el Señor en ti sea completada, y para que tu liderazgo vaya en crecimiento con un corazón compasivo de pastor para con cada joven que tengas el privilegio de liderar. Cuida tus manos de servicio, que siempre estén listas para ayudar a tantos jóvenes que tanto las necesitan.

BIBLIOGRAFÍA

- *Liderazgo Generacional.* E625, 2017
- *A whole new mind* (Una nueva mente). Daniel H. Pink. Penguin Group, 2006
- *El Ministerio Juvenil Efectivo.* Lucas Leys. Especialidades Juveniles, 2003.
- *Generation IY* (Generación IY). Tim Elmore. Poet Gardener Publishing, 2010.
- *Lo que todo líder debe saber de sus jóvenes.* Sergio Valerga. Especialidades Juveniles, 2012
- *Los padres que tus hijos necesitan. E625,* 2017
- *Sticky Faith (*Fe pegajosa). Kara E. Powell y Chap Clark. Zondervan, 2011.
- *The Creative Leader* (El líder creativo). Ed Young. Broadman & Holman Publishers, 2006
- *The divine conspiracy* (La conspiración divina). Dallas Willard. Harper Collins, 1998.

- *The Next Story* (La próxima historia). Tim Challies. Zondervan, 2011.
- *Cómo trabajar con jóvenes de 18 a 25 años.* Especialidades Juveniles, 2011
- *The Seven Checkpoints* (Las siete evaluaciones). Andy Stanley. Howard Books, 2001.
- *Think Orange* (Piensa en naranja). Reggie Joiner. David C Cook, 2009.

MIS SECRETOS

ALGUNAS PREGUNTAS QUE DEBES RESPONDER:

¿QUIÉN ESTÁ DETRÁS DE ESTE LIBRO?

Especialidades 625 es un equipo de pastores y siervos de distintos países, distintas denominaciones, distintos tamaños y estilos de iglesia que amamos a Cristo y a las nuevas generaciones.

e625.com

¿DE QUÉ SE TRATA E625.COM?

Nuestra pasión es ayudar a las familias y a las iglesias en Iberoamérica a encontrar buenos materiales y recursos para el discipulado de las nuevas generaciones y por eso nuestra página web sirve a padres, pastores, maestros y líderes en general los 365 días del año a través de **www.e625.com** con recursos gratis.

zona de contenido PREMIUM

¿QUÉ ES EL SERVICIO PREMIUM?

Además de reflexiones y materiales cortos gratis, tenemos un servicio de lecciones, series, investigaciones, libros online y recursos audiovisuales para facilitar tu tarea. Tu iglesia puede acceder con una suscripción mensual a este servicio por congregación que les permite a todos los líderes de una iglesia local, descargar materiales para compartir en equipo y hacer las copias necesarias que encuentren pertinentes para las distintas actividades de la congregación o sus familias.

¿PUEDO EQUIPARME CON USTEDES?

Sería un privilegio ayudarte y con ese objetivo existen nuestros eventos y nuestras posibilidades de educación formal. Visita **www.e625.com/Eventos** para enterarte de nuestros seminarios y convocatorias e ingresa a **www.institutoE625.com** para conocer los cursos online que ofrece el Instituto E 6.25

¿QUIERES ACTUALIZACIÓN CONTINUA?

Regístrate ya mismo a los updates de **e625.com** según sea tu arena de trabajo: Niños- Preadolescentes- Adolescentes- Jóvenes.

¡APRENDAMOS JUNTOS!